LETTERE
CONTRO LA GUERRA

di TIZIANO
TERZANI

LONGANESI & C.
MILANO

ISBN 88-304-1978-8

LETTERE CONTRO LA GUERRA

A Novalis,
mio nipote,
perché scelga la pace

10 SETTEMBRE 2001: IL GIORNO MANCATO

Ci sono giorni nella vita in cui non succede niente, giorni che passano senza nulla da ricordare, senza lasciare una traccia, quasi non si fossero vissuti. A pensarci bene, i più sono giorni così, e solo quando il numero di quelli che ci restano si fa chiaramente più limitato, capita di chiedersi come sia stato possibile lasciarne passare, distrattamente, tantissimi. Ma siamo fatti così: solo dopo si apprezza il prima e solo quando qualcosa è nel passato ci si rende meglio conto di come sarebbe averlo nel presente. Ma non c'è più.

Il 10 settembre 2001 per me, e son certo non solo per me, fu un giorno di questo tipo: un giorno di cui non ricordo assolutamente nulla. So che ero ad Orsigna, l'estate era finita, la famiglia s'era di nuovo sbrancata in tutte le direzioni ed io probabilmente preparavo vestiti e carte per tornare in India a svernare.

Pensavo di partire dopo il mio compleanno, ma non contavo i giorni e quel 10 settembre 2001 passò senza che me ne accorgessi, come non fosse nemmeno stato nel calendario. Peccato. Perché per me, per tutti noi – anche per quelli che ancora oggi si rifiutano di crederlo –, quel giorno fu particolarissimo, uno di cui avremmo dovuto, coscientemente, gustare ogni momento. Fu l'ultimo giorno della nostra vita di prima: prima dell'11 settembre, prima delle Torri Gemelle, della nuova barbarie, della limitazione delle nostre libertà, prima della grande intolleranza, della guerra tecnologica, dei massacri di prigionieri e di civili innocenti, prima della grande ipocrisia, del conformismo, dell'indifferenza o, peggio ancora, della rabbia meschina e dell'orgoglio malriposto; l'ultimo giorno prima che la nostra fantasia in volo verso più amore, più fratellanza, più spirito, più gioia venisse dirottata verso più odio, più discriminazione, più materia, più dolore.

Lo so: apparentemente poco o nulla è cambiato nella nostra vita. La sveglia suona alla stessa ora, si fa lo stesso lavoro, nello scompartimento del treno squillano sempre i telefonini ed i giornali continuano ad uscire ogni giorno con la loro dose di mezze bugie e mezze verità. Ma è un'illusione, l'illusione di quel momento di silenzio che c'è fra il vedere una grande esplosione in lontananza ed il sentirne poi il botto. L'esplosione c'è stata: enorme, spaventosa. Il botto ci raggiungerà, ci assorderà. Potrebbe anche spazzarci via. Meglio prepararsi in tempo, riflettere prima che si debba correre, anche solo figurativamente, a cercare di salvare i bambini o a prendere qualche ultima cosa da mettere in borsa.

Il mondo è cambiato. Dobbiamo cambiare noi. Innanzitutto non facendo più finta che tutto è come prima, che possiamo continuare a vivere vigliaccamente una vita normale. Con quel che sta succedendo nel mondo la nostra vita non può, non deve, essere normale. Di questa normalità dovremmo avere vergogna.

Questa impressione che tutto era cambiato mi colpì immediatamente. Un amico mi aveva telefonato dicendo semplicemente: «Accendi la televisione, subito». Quando in diretta vidi il secondo aereo esplodere, pensai: «Pearl Harbor. Questa è una nuova guerra». Restai incollato davanti un po' alla BBC, un po' alla CNN per delle ore, poi uscii a fare una passeggiata nel bosco. Mi ricordo con quanto stupore mi accorsi che la natura era indifferente a quel che succedeva: le castagne cominciavano a maturare, le prime nebbie a salire dalla valle. Nell'aria sentivo il solito, lontano frusciare del torrente e lo scampanellio delle capre della Brunalba. La natura era assolutamente disinteressata ai nostri drammi di uomini, come se davvero non contassimo nulla e potessimo anche scomparire senza lasciare un gran vuoto.

Forse perché ho passato tutta la mia vita adulta in Asia e davvero sono ora convinto che tutto è uno e che, come riassume così bene il simbolo taoista di Yin e Yang, la luce ha in sé il seme delle tenebre e che al centro delle tenebre c'è un punto di luce, mi venne da pensare che quell'orrore a cui avevo appena assistito era... una buona occasione. Tutto il mondo aveva visto. Tutto il mondo avrebbe capito. L'uomo avrebbe preso coscienza, si sarebbe svegliato per ripensare tutto: i rapporti fra Stati, fra religioni, i rapporti con la natura, i rapporti stessi fra uomo e uomo. Era una buona occasione per fare un esame di coscienza, accettare le nostre responsabilità di uomini occidentali e magari fare finalmente un salto di qualità nella nostra concezione della vita.

Dinanzi a quel che avevo appena visto alla televisione e quel che c'era ora da aspettarsi non si poteva continuare a vivere normalmente, come tornando a casa vidi fare alle capre che brucavano l'erba.

Credo che in tutta la vita non sono mai stato davanti alla televisione quanto nei giorni che seguirono. Dalla mattina alla sera. Quasi non dormivo. In testa avevo sempre quella frase: una buona occasione. Per mestiere, dinanzi ad una verità ufficiale ho sempre cercato di vedere se non ce n'era una alternativa, nei conflitti ho sempre cercato di capire non solo le ragioni di una parte, ma anche quelle dell'altra. Nel 1973, assieme a Jean-Claude Pomonti di *Le Monde* ed al fotografo Abbas, fui uno dei primi a passare le linee del fronte nel Vietnam del Sud per andare a parlare col «nemico», i vietcong. Allo stesso modo, per cercare di capire i terroristi che avevano già provato a far saltare in aria una delle Torri Gemelle a New York, nel 1996 ero riuscito, due volte di seguito, ed entrare nella «università della jihad» per parlare con i seguaci di Osama bin Laden.

Pensai che sarebbe servito riraccontare brevemente quella storia e le impressioni di quelle visite per immaginarsi il mondo dal punto di vista dei terroristi. Ma scrivere mi pesava.

Il 14 settembre era il mio sessantatreesimo compleanno ed in quella data scadeva formalmente il mio bel rapporto di lavoro con *Der Spiegel*, iniziato esattamente trent'anni prima, ma già dal 1997 messo, su mia richiesta, in una forma concordata di letargo.

Con *In Asia*,* il libro che raccoglieva tutte le grandi e piccole storie di cui ero stato testimone, avevo detto quel che avevo da dire sul giornalismo. Da allora mi sono praticamente ritirato dal mondo. Passo gran parte del tempo nell'Himalaya e godo enormemente di non avere scadenze tranne quelle della natura: il buio è l'ora di andare a letto, la prima luce l'ora di alzarsi. Dove abito, in un posto isolato a due ore di macchina dal primo centro abitato, più un'ora a piedi attraverso una foresta di rododendri giganti, non c'è né luce né telefono e così non ho distrazioni tranne quelle piacevolissime degli animali, degli uccelli, del vento e delle montagne. Ho perso l'abitudine di leggere i giornali e, anche quando vengo in Europa, ne faccio volentieri a meno: le storie si ripetono e mi pare di averle già lette anni fa, quando erano scritte meglio.

L'inverno è per me la più bella stagione nell'Himalaya. Il cielo è limpidissimo e le montagne appaiono vicinissime. Avevo assolutamente fatto piani per partire, ma come dicono gli indiani indicando il cielo: «Vuoi far ridere Baghawan (Dio)? Bene: digli i tuoi piani».

Così passai il mio compleanno a scrivere, non un articolo con quel numero fisso di righe, con l'attacco attraente per renderlo leggibile, ma una lettera come l'avrei scritta di getto a un amico.

Mi piace scrivere lettere. Ho sempre pensato che se fossi nato ricco e trecento anni fa, là dove comunque

---

* Longanesi, Milano, 1998.

son nato, povero, a Firenze, avrei solo voluto viaggiare il mondo per scrivere delle lettere. Il giornalismo in qualche modo mi ha permesso di fare una cosa simile, ma con la limitazione dello spazio, la fretta delle scadenze, gli obblighi del linguaggio. Ora finalmente posso scrivere semplicemente delle lettere.

Quella da Orsigna la mandai per e-mail a Ferruccio de Bortoli, direttore del *Corriere della Sera*, con un messaggio che più o meno diceva: «Vedi tu. Secondo gli accordi».

Per anni avevo avuto col *Corriere* un contratto di collaborazione; ma quando era venuto il momento di rinnovarlo avevo scelto di non farne niente, per la stessa ragione per cui non ho mai voluto anticipi sui libri non ancora scritti. Non voglio sentirmi obbligato a nulla, non voglio avere complessi di colpa, sensi del dovere. Così con de Bortoli ripiegammo su un personalissimo *gentlemen agreement*: io mi sarei sentito libero di scrivere quando, quanto e come volevo, lui libero di pubblicare o meno, cambiando al massimo le virgole. Così è stato.

La lettera uscì il 16 settembre. Il titolo non era quello che avevo suggerito, «Una buona occasione», ma non potevo, come non ho mai dovuto fare poi, lamentarmi. Cominciava in prima pagina ed il seguito ne occupava un'altra intera. Il nocciolo di tutto quel che volevo dire era lì: le ragioni dei terroristi, il dramma del mondo musulmano nel suo confronto con la modernità, il ruolo dell'Islam come ideologia anti-globalizzazione, la necessità da parte dell'Occidente di evitare una guerra di religione, una possibile via d'uscita: la non-violenza.

Il sasso era tirato. Finii di preparare vestiti e carte ed andai a Firenze, pronto a partire. Non ero sicuro di andare nell'Himalaya. Tornare al mio splendido ritiro mi pareva un lusso che non potevo permettermi. Bush aveva giusto detto: « *We shall smoke Osama bin Laden out of his cave* ». Io dovevo accettare che Osama aveva stanato me dalla mia tana.

La tentazione di tornare nel mondo, di « scendere in pianura », come dicono nell'Himalaya quando vanno a fare la spesa, mi era già venuta. A luglio era uscita l'edizione americana di *Un indovino mi disse** e l'editore mi aveva invitato a fare quella orribile cosa che gli americani chiamano *flogging*, frustare il libro, spingerlo, il che tradotto in parole povere significa diventare un pacco postale in mano a degli abilissimi, efficientissimi giovani PR che ti prendono in consegna e ti portano a giro dalla mattina alla sera in macchina, in aereo, in elicottero, da costa a costa, da una città ad un'altra – a volte due in un giorno –, mettendoti ora davanti all'intervistatore di un quotidiano che del libro ha solo letto la copertina, ora davanti ai microfoni di una stazione radio per taxisti o di un'altra per insonni, ora davanti alle telecamere di un grande TV-show o a quelle di un più modesto programma di prima mattina per massaie dove si parla di destino fra una ricetta di insalata di pollo e un nuovo tipo di sci acquatico. L'ho fatto per due settima-

* Longanesi, Milano, 1995.

ne. E Dio mio se valeva la pena! Tornai da quel viaggio sciccato, con un'impressione spaventosa. Avevo visto un'America arrogante, ottusa, tutta concentrata su sé stessa, tronfia del suo potere, della sua ricchezza, senza alcuna comprensione o curiosità per il resto del mondo. Ero stato colpito dal diffuso senso di superiorità, dalla convinzione di essere unici e forti, di credersi la civiltà definitiva. Il tutto senza alcuna autoironia.

Una notte, dopo un incontro sul libro allo Smithsonian Institute, un vecchio giornalista che conosco da anni mi portò a fare una passeggiata tra vari monumenti nel cuore di Washington, quello particolarmente commovente ai caduti in Vietnam, quello teatrale e suggestivo ai morti in Corea e, nel posto dove sorgerà, quello ai caduti della seconda guerra mondiale.

La prima riflessione che feci era che mi pareva strano che un paese giovane, fondato sull'aspirazione alla felicità, avesse scelto di mettere al centro della sua capitale tutti quei monumenti alla morte. L'amico disse che non ci aveva mai pensato. Quando fummo davanti al mastodontico, bianchissimo Lincoln, seduto su una gran poltrona bianca in una gigantesca copia tutta bianca d'un tempio greco, mi venne da dire, sapendo che anche lui era stato a Pyongyang: «Mi ricorda Kim Il Sung».

Si offese come gli avessi toccato la madonna. «Noi amiamo quest'uomo», disse. Mi trattenni dal fargli notare che un nordcoreano avrebbe detto esattamente la stessa cosa, ma questa era l'impressione che l'America mi aveva messo addosso. Il paragone non era soltanto nella mastodonticità dei monumenti; era nel fatto che gli americani mi parevano loro stessi vittime di un qualche lavaggio del cervello: tutti dicono le stesse cose, tutti pensano allo stesso modo. La differenza è che, al contrario dei nordcoreani, essi credono di farlo liberamente e non si rendono conto che quel loro conformismo è frutto di tutto quel che vedono, bevono, sentono e mangiano.

L'America mi aveva fatto paura e avevo pensato di tornarci, magari a fare un viaggio di qualche mese attraverso l'intero paese, un viaggio come quello che feci con mia moglie Angela quando ero studente alla Columbia University, un viaggio che un tempo facevano i giornalisti europei, ora invece incollati a New York davanti ai loro computer, dove vedono e leggono quello che l'America vuole che vedano e che leggano perché ce lo possano riraccontare.

Avevo già in tasca il biglietto per Delhi quando il solito amico mi chiamò: «L'hai letta?» «Chi?» «La Fallaci. T'ha risposto, nel *Corriere* di stamani.» Erano le tre del pomeriggio del 29 settembre e dovetti fare il giro di mezza Firenze per procurarmene una copia. Il giornale era davvero andato a ruba.

Lessi i quattro paginoni e mi prese una gran tristezza. Ancora una volta m'ero sbagliato. Altro che buona occasione! L'11 settembre era stata l'occasione di svegliare ed aizzare il cane che è in ognuno di noi. Il punto centrale della risposta della Oriana era non solo di negare le ragioni del «nemico», ma di negargli la sua umanità, il che è il segreto della disumanità di tutte le guerre.

Mi colpì. Poi mi fece una gran pena. Ognuno ha diritto ad un suo modo di affrontare la vecchiaia e la morte; mi dispiaceva vedere che lei aveva scelto la via del rancore, dell'astio, del risentimento: la via delle passioni meno nobili e della loro violenza. Sinceramente mi dispiaceva per lei perché la violenza – ne sono sempre più convinto – brutalizza non solo le sue vittime, ma anche chi la compie.

Mi misi a scrivere. La lettera questa volta era diretta a lei. Uscì sul *Corriere* l'8 di ottobre, il giorno in cui i giornali erano dominati dalle foto di Bush e di Osama bin Laden. L'America aveva cominciato a bombardare l'Afghanistan. Riuscii a trovare una copia del giornale all'aeroporto di Firenze. Era l'alba, partivo per Parigi, da lì sarei volato a Delhi e poi in Pakistan.

Avevo deciso di «scendere in pianura». Pagavo di tasca mia, così da essere libero, eventualmente, di non scrivere. Mi sentivo leggero a non «rappresentare» che me stesso e a rispondere «pensionato» alla domanda sulla professione nelle schede dell'immigrazione.

Le lettere sono quelle scritte nel corso di questo lungo viaggio. Le date indicano quando e dove sono state scritte. Solo metà di quel che segue è uscito sul *Corriere*, ma mi sta a cuore precisare che ogni singola parola di ogni lettera che ho mandato a de Bortoli lui l'ha con grande correttezza pubblicata. Gliene sono grato, e sono certo che lo sono anche molti lettori. Anche se a volte, specie dopo che un missile americano aveva colpito a Kabul la sede della televisione indipendente Al Jazeera, ho temuto che uno, con simili intenzioni, potesse esser già caduto anche su via Solferino a Milano.

Ovviamente de Bortoli ed io non abbiamo affatto le stesse idee. Lui, ad esempio, concluse l'editoriale del 12 settembre con una frase famosa, che poi molti gli han tolto di bocca: « Siamo tutti americani ». Bene, io no. Di fondo mi sento fiorentino, un po' italiano e sempre di più europeo. Ma americano proprio no, anche se all'America debbo molto, compresa la vita di mio figlio, quella di mio nipote – tutti e due nati là – ed in parte anche la mia. Ma questa è un'altra storia.

In fondo trovo difficile questo definirmi. Sono arrivato alla mia età senza mai aver voluto appartenere a nulla, non a una chiesa, non a una religione: non ho avuto la tessera di nessun partito, non mi sono mai iscritto a nessuna associazione, né a quella dei cacciatori né a quella per la protezione degli animali. Non perché non stia naturalmente dalla parte degli uccellini e contro quegli omacci col fucile che sparano nascosti in un capanno, ma perché qualunque organizzazione mi sta stretta. Ho bisogno di sentirmi libero. E questa libertà è faticosa perché ogni volta, davanti ad una situazione, quando bisogna decidere cosa pensare, cosa fare, si può solo ricorrere alla propria testa, al proprio cuore e non alla facile linea, pronta all'uso, di un partito o alle parole di un testo sacro.

Per istinto sono sempre stato lontano dal potere e non ho mai corteggiato chi lo aveva. I potenti mi han sempre lasciato freddo. Se mai sono entrato in qualche stanza dei bottoni, era con un taccuino per prendere appunti e sempre pronto a scoprire qualche magagna. Non dico questo per vantarmi, ma per rassicurare chi, leggendo le pagine che seguono, può pensare che io sono parte di un qualche giro, di un qualche complotto, che ho un mio progetto o che porto avanti il piano di Tizio e di Caio.

Con queste lettere non cerco di convincere nessuno. Voglio solo far sentire una voce, dire un'altra parte di verità, aprire un dibattito perché tutti prendiamo coscienza, perché non si continui a pretendere che non è successo niente, a far finta di non sapere che ora, in questo momento, in Afghanistan migliaia di persone vivono nel terrore di essere bombardate dai B-52, che in questo momento un qualche prigioniero, portato incappucciato e incatenato a venti ore di volo dalla sua terra, viene ora «interrogato» su un ultimo lembo di terra coloniale degli Stati Uniti a Guantanamo, nell'isola di Cuba, mentre gli strateghi della nostra coalizione contro il terrorismo stanno preparando altri attacchi in chi sa quali altri paesi del mondo.

Allora io dico: fermiamoci, riflettiamo, prendiamo coscienza. Facciamo ognuno qualcosa e, come dice Jovanotti nella sua poetica canzone contro la violenza, arrivata fin quassù nelle montagne: «Salviamoci».

Nessun altro può farlo per noi.

t.t.

Nell'Himalaya indiana, gennaio 2002

LETTERA DA ORSIGNA

Una buona occasione

Iʟ mondo non è più quello che conoscevamo, le nostre vite sono definitivamente cambiate. Forse questa è l'occasione per pensare diversamente da come abbiamo fatto finora, l'occasione per reinventarci il futuro e non rifare il cammino che ci ha portato all'oggi e potrebbe domani portarci al nulla. Mai come ora la sopravvivenza dell'umanità è stata in gioco.

Non c'è niente di più pericoloso in una guerra – e noi ci stiamo entrando – che sottovalutare il proprio avversario, ignorare la sua logica e, tanto per negargli ogni possibile ragione, definirlo un «pazzo». Ebbene, la jihad islamica, quella rete clandestina ed internazionale che fa ora capo allo sceicco Osama bin Laden e che, con ogni probabilità, ha avuto la mano nell'allucinante attacco-sfida agli Stati Uniti, è tutt'altro che un fenomeno di «pazzia» e, se vogliamo trovare una via d'uscita dal tunnel di sgomento in cui ci sentiamo gettati, dobbiamo capire con chi abbiamo a che fare e perché.

Nessun giornalista occidentale è riuscito a passare molto tempo con Bin Laden e ad osservarlo da vicino, ma alcuni hanno potuto avvicinare e ascoltare la sua gente. A me capitò nel 1995 di passare due mezze giornate in uno dei campi di addestramento che lui finanziava al confine fra il Pakistan e l'Afghanistan. Ne uscii sgomento ed impaurito. Per tutto il tempo in mezzo ai mullah, duri e sorridenti, e a tanti giovani dagli sguardi freddi e sprezzanti, mi ero sentito un appestato, il portatore di un qualche morbo da cui non mi ero mai sentito affetto. Ai loro occhi la mia malattia era semplicemente il mio essere occidentale, rappresentante di una civiltà decadente, materialista, sfruttatrice, insensibile ai valori universali dell'Islam.

Avevo provato sulla pelle la conferma che, con la caduta del muro di Berlino e la fine del comunismo, la sola ideologia ancora determinata ad opporsi al Nuovo Ordine che, con l'America in testa, prometteva pace e prosperità al mondo globalizzato era quella versione fondamentalista e militante dell'Islam. L'avevo intuito per la prima volta viaggiando nelle repubbliche musulmane dell'Asia centrale ex sovietica;* l'avevo sentito con la stessa precisione incontrando i guerriglieri antiindiani nel Kashmir e intervistando uno dei loro capi spirituali che mi salutò dandomi in regalo una copia del Corano – la mia prima – perché ci « imparassi qualcosa ».

Vedendo e rivedendo, allibito come tutti, le immagi-

* Ho scritto di questo in *Buona notte, signor Lenin*, Longanesi, Milano, 1992. (*N.d.A.*)

ni degli aerei che si schiantavano facendo una carneficina nel centro di New York, così come, nei giorni prima, leggendo le notizie degli uomini-bomba palestinesi che si facevano saltare in aria mietendo vittime per le strade di Israele, mi tornavano in mente quei giovani di varie nazionalità, ma di una unica, ferma fede, che avevo visto in quel campo di addestramento: era gente di un altro pianeta, di un altro tempo, gente che «crede» come noi stessi abbiamo saputo fare in passato, ma non sappiamo più, gente che considera il sacrificio della propria vita per una causa «giusta» come una cosa «santa». Quei giovani erano d'una pasta che noi abbiamo difficoltà ad immaginare: indottrinati, abituati a una vita spartanissima, ritmata da una stretta routine di esercizi, studio e preghiere, una vita tutta disciplina, senza donne prima del matrimonio, senza alcol, senza droghe.

Per Bin Laden e la sua gente quello delle armi non è un mestiere, è una missione che ha radici nella fede acquisita nell'ottusità delle scuole coraniche, ma soprattutto nel profondo senso di scacco e di impotenza, nell'umiliazione di una civiltà – quella musulmana – un tempo grande e temuta, che si vede ora sempre più marginalizzata e offesa dallo strapotere e dall'arroganza dell'Occidente.

È un problema che varie altre civiltà hanno dovuto affrontare nel corso dei due secoli passati. Quell'umiliazione la provarono i cinesi davanti «alle barbe rosse» degli inglesi che imposero loro il commercio dell'op-

pio, la provarono i giapponesi davanti alle «navi nere»
dell'ammiraglio americano Perry che voleva aprire il
Giappone al commercio. La prima reazione fu di smar-
rimento. Come poteva la loro civiltà, di gran lunga superiore a quella degli stranieri-invasori, essere messa al
muro e resa così impotente? I cinesi cercarono una soluzione innanzitutto con un ritorno alla tradizione (la rivolta dei Boxer); fallita quella, imboccando la via della
modernizzazione prima di stile sovietico ed ora di stile
occidentale. I giapponesi, già alla fine dell'Ottocento,
fecero questo salto tutto in una volta, mettendosi a imi-
tare ossessivamente tutto ciò che era occidentale, co-
piando le uniformi degli eserciti europei, l'architettura
delle nostre stazioni e imparando a ballare il valzer.

Questo problema del come sopravvivere al confronto
con l'Occidente, mantenendo una propria identità, si è
posto ovviamente nel corso del secolo scorso anche
per i musulmani, e anche per loro le risposte hanno
oscillato fra il rifugio nel tradizionale, come nel caso
dello Yemen o dei Wahabi, e varie forme di occidentalizzazione: la più ardita e radicale è stata quella attuata
in Turchia da Kemal Atatürk, il quale negli anni '20, riscrivendo la costituzione, togliendo il velo alle donne,
sostituendo la legge islamica con una copia del codice
civile svizzero e una di quello penale italiano, mise il
suo paese sulla strada che oggi sta portando Istanbul,
pur con qualche sussulto, a diventare parte della Comunità Europea.

Per i fondamentalisti questa occidentalizzazione del

mondo islamico è un anatema e, mai come ora, questo processo minaccia la sua identità. Secondo loro, con la fine della Guerra Fredda l'Occidente ha scoperto le sue carte e sempre più chiaro appare il progetto – per loro «diabolico» – di incorporare l'intera umanità in un unico sistema globale che, grazie alla tecnologia, dà all'Occidente l'accesso e il controllo di tutte le risorse del mondo, comprese quelle che il Creatore – non a caso, secondo i fondamentalisti – ha messo nelle terre dove è nato e si è esteso l'Islam: dal petrolio del Medio Oriente al legname delle foreste indonesiane.

È solo negli ultimi dieci anni che questo fenomeno della globalizzazione, o meglio della americanizzazione, si è rivelato nella sua ampiezza. Ed è esattamente nel 1991 che Bin Laden, fino allora un *protégé* degli americani (il suo primo lavoro in Afghanistan fu quello di costruire per la CIA i grandi bunker sotterranei per lo stoccaggio delle armi destinate ai mujaheddin) si rivolta contro Washington. Lo stazionamento di truppe americane nel suo paese, l'Arabia Saudita, durante e dopo la guerra del Golfo, gli parve un insopportabile affronto e una violazione della santità dei luoghi sacri dell'Islam. La posizione di Osama bin Laden divenne chiara nel 1996 quando lanciò la sua prima dichiarazione di guerra contro gli Stati Uniti: «Le pareti di oppressione e umiliazione non possono essere abbattute che con una grandine di pallottole». Nessuno lo prese molto sul serio. Ancora più esplicito fu il manifesto della sua organizzazione, Al Qaeda, reso noto nel 1998 dopo una riunione dei vari gruppi associati a Bin Laden. « Da sette anni gli Stati Uniti occupano le terre dell'Islam nella penisola araba, saccheggiando le nostre ricchezze, imponendo la loro volontà ai nostri governanti, terrorizzando i nostri vicini e usando le loro basi militari nella penisola per combattere i popoli musulmani.» L'appello rivolto a tutti i musulmani fu quello di « confrontare, combattere ed uccidere» gli americani. L'obiettivo dichiarato di Bin Laden è la liberazione del Medio Oriente. Quello sognato in nome dell'eroico passato è forse molto più vasto.

I primi attacchi della jihad sono sferrati contro le ambasciate americane in Africa e provocano decine e decine di morti. Washington risponde bombardando le basi di Bin Laden in Afghanistan ed una fabbrica di medicinali in Sudan provocando centinaia, altri dicono migliaia, di vittime civili (il numero esatto non fu mai accertato perché gli Stati Uniti bloccarono una inchiesta dell'ONU sull'incidente).

La controrisposta di Bin Laden è venuta ora a New York e Washington. Non potendo colpire i piloti dei B-52 che sganciano le loro bombe da altezze irraggiungibili, né arrivare ai marinai che lanciano i loro missili dalle navi al largo, la soluzione è quella terroristica di attaccare masse di civili indifesi. Le azioni di questi uomini sono atroci, ma non sono gratuite, sono atti di guerra, una guerra che da tempo non è più quella cavalleresca, una guerra in cui il bombardamento di popolazioni inermi è già stato un fenomeno comune a tutti i belligeranti dell'ultimo conflitto mondiale, da quello delle V2 tedesche su Londra al bombardamento atomico di Hiroshima e Nagasaki col suo bilancio di oltre 200.000 morti: tutti civili.

Da tempo ormai si combattono con nuovi mezzi e nuovi metodi guerre non dichiarate, lontano dagli occhi del mondo che si illude oggi di vedere e capire tutto solo perché assiste in diretta al crollo delle Torri Gemelle.

Dal 1983 gli Stati Uniti hanno bombardato nel Medio Oriente paesi come il Libano, la Libia, l'Iran e l'Iraq. Dal 1991 l'embargo imposto dagli Stati Uniti all'Iraq di Saddam Hussein dopo la guerra del Golfo ha fatto, secondo stime americane, circa mezzo milione di morti, molti dei quali bambini, a causa della malnutrizione. Cinquantamila morti all'anno sono uno stillicidio che certo genera in Iraq e in chi si identifica con l'Iraq una rabbia simile a quella che l'ecatombe di New York ha generato nell'America e di conseguenza anche in Europa. Importante è capire che fra queste due rabbie esiste un legame. Ciò non significa confondere le vittime coi boia, significa solo rendersi conto che, se vogliamo capire il mondo in cui siamo, lo dobbiamo vedere nel suo insieme e non solo dal nostro punto di vista.

Non si può capire quel che ci sta succedendo solo a sentire le dichiarazioni dei politici, costretti come sono a ripetere formule retoriche, condizionati a reagire alla vecchia maniera a una situazione completamente nuova e incapaci di ricorrere alla fantasia per suggerire ad esempio che, invece di fare la guerra, questo è il momento di fare finalmente la pace, a cominciare da quella fra israeliani e palestinesi. Invece guerra sarà.

In queste ore una strana coalizione si sta mettendo in moto attraverso gli automatismi di trattati, come il Patto Atlantico, nati per un fine e ora usati per un altro, e attraverso l'adesione di paesi come la Cina, la Russia e forse anche l'India, ognuno spinto dai propri interessi strettamente nazionalistici. Per la Cina la guerra mondiale contro il terrorismo è una buona occasione per cercare di risolvere i suoi vecchi problemi con le popolazione islamiche nei suoi territori di confine. Per la Russia di Putin è una occasione per risolvere innanzitutto il problema della Cecenia e mettere a tacere tutte le accuse per le spaventose violazioni dei diritti umani da parte delle truppe di Mosca laggiù. Lo stesso è vero per l'India e il suo annoso conflitto per il controllo del Kashmir.

Il problema è che sarà estremamente difficile fare apparire questa guerra solo come una campagna contro il terrorismo e non come una guerra contro l'Islam. Stranamente la coalizione che oggi si sta formando assomiglia molto a quella che già secoli fa l'Islam si trovò a combattere su due fronti: a occidente i crociati, a oriente le tribù nomadi dell'Asia centrale e i mongoli. In quella occasione i musulmani resistettero e finirono per convertire all'Islam gran parte dei loro avversari.

Questa è una scommessa che Bin Laden e i suoi possono aver fatto ora. Forse contano proprio su una rappresaglia del mondo occidentale per coagulare una massiccia resistenza islamica e fare di quella che oggi è una minoranza, pur determinata, un fenomeno più esteso. L'Islam si presta bene, per la sua semplicità e il suo innato carattere di militanza, ad essere l'ideologia dei dannati della terra, di quelle masse di poveri che oggi affollano, disperate e discriminate, il Terzo Mondo occidentalizzato.

Più che rimuovere i terroristi e chi li ha appoggiati (forse ci sorprenderà sapere quanti personaggi, alcuni anche insospettabili, sono coinvolti) sarebbe più saggio rimuovere le ragioni che spingono tanta gente, soprattutto fra i giovani, nelle file della jihad e fanno loro apparire come una missione il compito di uccidersi e di uccidere. Se noi davvero crediamo nella santità della vita dobbiamo accettare la santità di tutte le vite. O siamo invece pronti ad accettare le centinaia, le migliaia di morti – anche quelli civili e disarmati – che saranno vittime della nostra rappresaglia? Basterà alle nostre coscienze che quei morti ci vengano presentati, nel gergo da pubbliche relazioni dei militari americani, come «danni collaterali»?

Dipende da quel che noi faremo, da come reagiremo a questa orribile provocazione, da come vedremo la nostra storia di ora nella scala della storia dell'umanità, il tipo di futuro che ci aspetta. Il problema è che fino a quando penseremo di avere il monopolio del «bene», fino a che parleremo della nostra come *la* civiltà, ignorando le altre, non saremo sulla buona strada.

L'Islam è una grande e inquietante religione con una

sua tradizione di atrocità e di delitti (come tante altre fedi peraltro), ma è assurdo pensare che un qualsiasi cow-boy, pur armato di tutte le pistole del mondo, possa cancellare questa fede dalla faccia della terra. Meglio sarebbe aiutare i musulmani stessi a isolare, invece che renderle più virulente, le frange fondamentaliste e a riscoprire l'aspetto più spirituale della loro fede.

L'Islam è ormai ovunque. Nell'America stessa ci sono ormai tanti musulmani quanti ebrei (sei milioni, la gran parte, non a caso, afroamericani, attirati dal fatto che l'Islam è stato fin dal suo inizio al di sopra del concetto di razza). Sul territorio americano ci sono già 1400 moschee, una persino nella base navale di Norfolk.

Non dobbiamo farci ora trascinare da visioni parziali della realtà, non dobbiamo diventare ostaggi della retorica a cui oggi ricorre chi è a corto di idee per riempire il silenzio di sbigottimento. Il pericolo è che a causa di questi tragici, orribili dirottamenti, finiamo noi stessi, come esseri umani, per essere dirottati da quella che è la nostra missione sulla terra. Gli americani l'hanno descritta nella loro costituzione come «il perseguimento della felicità». Bene: perseguiamo tutti assieme questa felicità, dopo averla magari ridefinita in termini non solo materiali e dopo esserci convinti che noi occidentali non possiamo perseguire una *nostra* felicità a scapito della felicità di altri e che, come la libertà, anche la felicità è indivisibile.

L'ecatombe di New York ci ha dato l'occasione di

ripensare a tutto e ci ha messo dinanzi a nuove scelte. Quella più immediata è di aggiungere o togliere al fondamentalismo islamico le sue ragioni di essere, di trasformare i balli dei palestinesi non in esultazioni macabre di gioia per una tragedia altrui, ma di sollievo per una loro riguadagnata dignità. Altrimenti ogni bomba o missile che cadrà sulle popolazioni del mondo nonnostro finirà solo per seminare altri denti di drago e dar vita a nuovi giovani disposti ad urlare *Allah Akbar*, «Allah è grande», pilotando un altro aereo carico di innocenti contro un grattacielo o, domani, lasciando una bomba batteriologica o un'atomica tascabile in qualche nostro supermercato.

Solo se riusciremo a vedere l'universo come un tutt'uno in cui ogni parte riflette la totalità e in cui la grande bellezza sta nella sua diversità, cominceremo a capire chi siamo e dove stiamo. Altrimenti saremo solo come la rana del proverbio cinese che, dal fondo di un pozzo, guarda in su e crede che quel che vede sia tutto il cielo. Duemilacinquecento anni fa un indiano, chiamato poi «illuminato», spiegava una cosa ovvia: che «l'odio genera solo odio» e che «l'odio si combatte solo con l'amore». Pochi l'hanno ascoltato. Forse è venuto il momento.

LETTERA DA FIRENZE

Il sultano e san Francesco

Firenze, 4 ottobre 2001

ORIANA,

dalla finestra di una casa poco lontana da quella in cui anche tu sei nata, guardo le lame austere ed eleganti dei cipressi contro il cielo e ti penso a guardare, dalle tue finestre a New York, il panorama dei grattacieli da cui ora mancano le Torri Gemelle. Mi torna in mente un pomeriggio di tanti, tantissimi anni fa, quando assieme facemmo una lunga passeggiata per le stradine di questi nostri colli argentati dagli ulivi. Io mi affacciavo, piccolo, alla professione nella quale tu eri già grande e tu proponesti di scambiarci delle « Lettere da due mondi diversi »: io dalla Cina dell'immediato dopo-Mao in cui andavo a vivere, tu dall'America. Per colpa mia non lo facemmo. Ma è in nome di quella tua generosa offerta di allora, e non certo per coinvolgerti ora in una corrispondenza che tutti e due vogliamo evitare, che mi permetto di scriverti. Davvero mai come ora, pur vivendo sullo stesso pianeta, ho l'impressione di stare in un mondo assolutamente diverso dal tuo.

Ti scrivo anche – e pubblicamente per questo – per non far sentire troppo soli quei lettori che forse, come me, sono rimasti sbigottiti dalle tue invettive, quasi come dal crollo delle due Torri. Là morivano migliaia di persone, e con loro il nostro senso di sicurezza; nelle tue parole sembra morire il meglio della testa umana, la ragione; il meglio del cuore, la compassione.

Il tuo sfogo mi ha colpito, ferito e mi ha fatto pensare a Karl Kraus. «Chi ha qualcosa da dire si faccia avanti e taccia», scrisse, disperato del fatto che, dinanzi all'indicibile orrore della prima guerra mondiale, alla gente non si fosse paralizzata la lingua. Al contrario, gli si era sciolta, creando tutto attorno un assurdo e confondente chiacchierio. Tacere per Kraus significava riprendere fiato, cercare le parole giuste, riflettere prima di esprimersi. Lui usò di quel consapevole silenzio per scrivere *Gli ultimi giorni dell'umanità*, un'opera che sembra essere ancora di un'inquietante attualità.

Pensare quel che pensi e scriverlo è un tuo diritto. Il problema è però che, grazie alla tua notorietà, la tua brillante lezione di intolleranza arriva ora anche nelle scuole, influenza tanti giovani, e questo mi inquieta.

Il nostro di ora è un momento di straordinaria importanza. L'orrore indicibile è appena cominciato, ma è ancora possibile fermarlo facendo di questo momento una grande occasione di ripensamento. È un momento anche di enorme responsabilità perché certe concitate parole, pronunciate dalle lingue sciolte, servono solo a risvegliare i nostri istinti più bassi, ad aizzare la bestia dell'odio che dorme in ognuno di noi e a provocare quella cecità delle passioni che rende pensabile ogni misfatto e permette, a noi come ai nostri nemici, il suicidarsi e l'uccidere.

«Conquistare le passioni mi pare di gran lunga più difficile che conquistare il mondo con la forza delle armi. Ho ancora un difficile cammino dinanzi a me», scriveva nel 1925 quella bell'anima di Gandhi. E aggiungeva: «Finché l'uomo non si metterà di sua volontà all'ultimo posto fra le altre creature sulla terra, non ci sarà per lui alcuna salvezza».

E tu, Oriana, mettendoti al primo posto di questa crociata contro tutti quelli che non sono come te o che ti sono antipatici, credi davvero di offrirci salvezza? La salvezza non è nella tua rabbia accalorata, né nella calcolata campagna militare chiamata, tanto per rendercela più accettabile, «Libertà duratura». O tu pensi davvero che la violenza sia il miglior modo per sconfiggere la violenza? Da che mondo è mondo non c'è stata ancora la guerra che ha messo fine a tutte le guerre. Non lo sarà nemmen questa.

Quel che ci sta succedendo è nuovo. Il mondo ci sta cambiando attorno. Cambiamo allora il nostro modo di pensare, il nostro modo di stare al mondo. È una grande occasione. Non perdiamola: rimettiamo in discussione tutto, immaginiamoci un futuro diverso da quello che ci illudevamo d'aver davanti prima dell'11 settembre e soprattutto non arrendiamoci alla inevitabilità di nulla, tanto meno all'inevitabilità della guerra come strumento di giustizia o semplicemente di vendetta.

Le guerre sono tutte terribili. Il moderno affinarsi

delle tecniche di distruzione e di morte le rende sempre più tali. Pensiamoci bene: se noi siamo disposti a combattere la guerra attuale con ogni arma a nostra disposizione, compresa quella atomica, come propone il segretario alla Difesa americano, allora dobbiamo aspettarci che anche i nostri nemici, quali che siano, saranno ancor più determinati di prima a fare lo stesso, ad agire senza regole, senza il rispetto di nessun principio. Se alla violenza del loro attacco alle Torri Gemelle noi risponderemo con una ancor più terribile violenza – prima in Afghanistan, poi in Iraq, poi chi sa dove –, alla nostra ne seguirà necessariamente una loro ancora più orribile e poi un'altra nostra e così via.

Perché non fermarsi prima? Abbiamo perso la misura di chi siamo, il senso di quanto fragile e interconnesso sia il mondo in cui viviamo, e ci illudiamo di poter usare una dose, magari « intelligente », di violenza per mettere fine alla terribile violenza altrui. Cambiamo illusione e, tanto per cominciare, chiediamo a chi fra di noi dispone di armi nucleari, armi chimiche e armi batteriologiche – Stati Uniti in testa – d'impegnarsi solennemente con tutta l'umanità a non usarle mai per primo, invece di ricordarcene minacciosamente la disponibilità. Sarebbe un primo passo in una nuova direzione. Non solo questo darebbe a chi lo fa un vantaggio morale – di per sé un'arma importante per il futuro –, ma potrebbe anche disinnescare l'orrore indicibile ora attivato dalla reazione a catena della vendetta.

In questi giorni ho ripreso in mano un bellissimo libro,

uscito due anni fa in Germania (peccato che non sia ancora tradotto in italiano), di un vecchio amico. Il libro si intitola *Die Kunst, nicht regiert zu werden: ethische Politik von Sokrates bis Mozart* (L'arte di non essere governati: l'etica politica da Socrate a Mozart). L'autore è Ekkehart Krippendorff, che ha insegnato per anni a Bologna prima di tornare all'università di Berlino. L'affascinante tesi di Krippendorff è che la politica, nella sua espressione più nobile, nasce dal superamento della vendetta e che la cultura occidentale ha le sue radici più profonde in alcuni miti, come quello di Caino e quello delle Erinni, intesi da sempre a ricordare all'uomo la necessità di rompere il circolo vizioso della vendetta per dare origine alla civiltà. Caino uccide il fratello, ma Dio impedisce agli uomini di vendicare Abele e, dopo aver marchiato Caino – un marchio che è anche una protezione –, lo condanna all'esilio dove quello fonda la prima città.* La vendetta non è degli uomini, spetta a Dio.

Secondo Krippendorff il teatro, da Eschilo a Shakespeare, ha avuto una funzione determinante nella formazione dell'uomo occidentale perché col suo mettere sulla scena tutti i protagonisti di un conflitto, ognuno col suo punto di vista, i suoi ripensamenti e le sue possibili scelte di azione, è servito a far riflettere sul senso delle passioni e sulla inutilità della violenza che non raggiunge mai il suo fine.

---

* Secondo una leggenda afghana, quella città è Kabul. (*N.d.A.*)

Purtroppo, oggi, sul palcoscenico del mondo noi occidentali siamo i soli protagonisti e i soli spettatori, e così, attraverso le nostre televisioni e i nostri giornali, non ascoltiamo che le nostre ragioni, non proviamo che il nostro dolore. Il mondo degli altri non viene mai rappresentato.

A te, Oriana, i kamikaze non interessano. A me tanto, invece. Ho passato giorni in Sri Lanka con alcuni giovani delle Tigri Tamil, votati al suicidio. Mi interessano i giovani palestinesi di Hamas che si fanno saltare in aria nelle pizzerie israeliane. Un po' di pietà sarebbe forse venuta anche a te se in Giappone, sull'isola di Kyushu, tu avessi visitato Chiran, il centro dove i primi kamikaze vennero addestrati, e tu avessi letto le parole, a volte poetiche e tristissime, scritte segretamente prima di andare, riluttanti, a morire per la bandiera e per l'imperatore.

I kamikaze mi interessano perché vorrei capire che cosa li rende così disposti a quell'innaturale atto che è il suicidio e che cosa potrebbe fermarli. Quelli di noi a cui i figli – fortunatamente – sono nati, per cui non dobbiamo scrivere loro lettere postume, si preoccupano oggi moltissimo di vederli bruciare nella fiammata di questo nuovo, dilagante tipo di violenza di cui l'ecatombe nelle Torri Gemelle potrebbe essere solo un episodio. Non si tratta di giustificare, di condonare, ma di capire. Capire, perché io sono convinto che il problema del terrorismo non si risolverà uccidendo i terroristi, ma eliminando le ragioni che li rendono tali.

Niente nella storia umana è semplice da spiegare e tra un fatto ed un altro c'è raramente una correlazione diretta e precisa. Ogni evento, anche della nostra vita, è il risultato di migliaia di cause che producono, assieme a quell'evento, altre migliaia di effetti, che a loro volta sono le cause di altre migliaia di effetti. L'attacco alle Torri Gemelle è uno di questi eventi: il risultato di tanti e complessi fatti antecedenti. Certo non è l'atto di «una guerra di religione» degli estremisti musulmani per la conquista delle nostre anime, una crociata alla rovescia, come la chiami tu, Oriana. Non è neppure «un attacco alla libertà ed alla democrazia occidentale», come vorrebbe la semplicistica formula ora usata dai politici.

Un vecchio accademico della Berkeley University, un uomo certo non sospetto di anti-americanismo o di simpatie sinistrorse, dà di questa storia una interpretazione completamente diversa. «Gli assassini suicidi dell'11 settembre non hanno attaccato l'America: hanno attaccato la politica estera americana», scrive Chalmers Johnson nel numero di *The Nation* uscito in ottobre. Per lui, autore di vari libri – l'ultimo, *Blowback* (Contraccolpo), uscito l'anno scorso, ha del profetico –, si tratterebbe appunto di un ennesimo «contraccolpo» al fatto che, nonostante la fine della Guerra Fredda e lo sfasciarsi dell'Unione Sovietica, gli Stati Uniti hanno mantenuto intatta la loro rete imperiale di circa 800 installazioni militari nel mondo.

Con un'analisi che al tempo della Guerra Fredda sarebbe parsa il prodotto della disinformazione del KGB, Chalmers Johnson fa l'elenco di tutti gli imbrogli, complotti, colpi di Stato, delle persecuzioni, degli assassinii e degli interventi a favore di regimi dittatoriali e corrotti nei quali gli Stati Uniti sono stati apertamente o clandestinamente coinvolti in America Latina, in Africa, in Asia e nel Medio Oriente dalla fine della seconda guerra mondiale a oggi.

Il «contraccolpo» dell'attacco alle Torri Gemelle e al Pentagono avrebbe a che fare con tutta una serie di fatti di questo tipo: fatti che vanno dal colpo di Stato ispirato dalla CIA contro Mossadeq nel 1953, seguito dall'installazione dello Shah in Iran, alla guerra del Golfo, con la conseguente permanenza delle truppe americane nella penisola araba, in particolare l'Arabia Saudita dove sono i luoghi sacri dell'Islam. Secondo Johnson sarebbe stata questa politica americana «a convincere tanta brava gente in tutto il mondo islamico che gli Stati Uniti sono un implacabile nemico». Così si spiegherebbe il virulento anti-americanismo diffuso nel mondo musulmano e che oggi tanto sorprende gli Stati Uniti e i loro alleati.

Esatta o meno che sia l'analisi di Chalmers Johnson, è evidente che al fondo di tutti i problemi odierni degli americani e nostri nel Medio Oriente c'è, a parte la questione israeliano-palestinese, la ossessiva preoccupazione occidentale di far restare nelle mani di regimi «amici», quali che siano, le riserve petrolifere della regione. Questa è una trappola. L'occasione per uscirne è ora.

Perché non rivediamo la nostra dipendenza economica dal petrolio? Perché non studiamo davvero, come avremmo potuto già fare da una ventina d'anni, tutte le possibili fonti alternative di energia?

Ci eviteremmo così d'essere coinvolti nel Golfo con regimi non meno repressivi e odiosi dei talebani; ci eviteremmo i sempre più disastrosi «contraccolpi» che ci verranno sferrati dagli oppositori a quei regimi, e potremmo comunque contribuire a mantenere un migliore equilibrio ecologico sul pianeta. Magari salviamo così anche l'Alaska che proprio un paio di mesi fa è stata aperta ai trivellatori, guarda caso dal presidente Bush, le cui radici politiche – tutti lo sanno – sono fra i petrolieri.

A proposito del petrolio, Oriana, sono certo che anche tu avrai notato come, con tutto quel che si sta scrivendo e dicendo sull'Afghanistan in questi giorni, pochissimi fanno notare che il grande interesse per questo paese è legato al fatto d'essere il passaggio obbligato di qualsiasi conduttura voglia portare le immense risorse di metano e petrolio dell'Asia centrale (vale a dire di quelle repubbliche ex sovietiche ora tutte, improvvisamente, alleate con gli Stati Uniti) verso il Pakistan, l'India e da lì nei paesi del Sud-Est asiatico. Il tutto senza dover passare dall'Iran. Nessuno in questi giorni ha ricordato che, ancora nel 1997, due delegazioni degli «orribili» talebani sono state ricevute a Washington (anche al Dipartimento di Stato) per trattare di questa faccenda e che una grande azienda petrolifera americana, la Unocal, con la consulenza niente meno che di Henry Kissinger, si è impegnata col Turkmenistan a costruire quell'oleodotto attraverso l'Afghanistan. È dunque possibile che, dietro i discorsi sulla necessità di proteggere la libertà e la democrazia, l'imminente attacco contro l'Afghanistan nasconda anche altre considerazioni meno altisonanti, ma non meno determinanti.

È per questo che nell'America stessa alcuni intellettuali cominciano a preoccuparsi che la combinazione fra gli interessi dell'industria petrolifera e quelli dell'industria bellica – combinazione ora prominentemente rappresentata nella compagine al potere a Washington – finisca per determinare in un unico senso le future scelte politiche americane nel mondo e per limitare all'interno del paese, in ragione dell'emergenza anti-terrorismo, i margini di quelle straordinarie libertà che rendono l'America così particolare.

Il fatto che un giornalista televisivo americano sia stato redarguito dal pulpito della Casa Bianca per essersi chiesto se l'aggettivo «codardi», usato da Bush, fosse appropriato per i terroristi-suicidi, così come la censura di certi programmi e l'allontanamento da alcuni giornali di collaboratori giudicati non ortodossi, ha ovviamente aumentato queste preoccupazioni.

L'aver diviso il mondo in maniera – mi pare – «talebana», fra «quelli che stanno con noi e quelli contro di noi», crea ovviamente i presupposti per quel clima da caccia alle streghe di cui l'America ha già sofferto negli anni '50 col maccartismo, quando tanti intellettuali, funzionari di Stato e accademici, ingiustamente accusati di essere comunisti o loro simpatizzanti, vennero perseguitati, processati e in moltissimi casi lasciati senza lavoro.

Il tuo attacco, Oriana – anche a colpi di sputo –, alle «cicale» e agli intellettuali «del dubbio» va in quello stesso senso. Dubitare è una funzione essenziale del pensiero; il dubbio è il fondo della nostra cultura. Voler togliere il dubbio dalle nostre teste è come volere togliere l'aria ai nostri polmoni. Io non pretendo affatto d'aver risposte chiare e precise ai problemi del mondo (per questo non faccio il politico), ma penso sia utile che mi si lasci dubitare delle risposte altrui e mi si lasci porre delle oneste domande. In questi tempi di guerra non deve essere un crimine parlare di pace.

Purtroppo anche qui da noi, specie nel mondo «ufficiale» della politica e dell'establishment mediatico, c'è stata una disperante corsa alla ortodossia. È come se l'America ci mettesse già paura. Capita così di sentir dire in televisione a un post-comunista in odore di una qualche carica nel suo partito che il soldato Ryan è un importante simbolo di quell'America che per due volte ci ha salvato. Ma non c'era anche lui nelle marce contro la guerra americana in Vietnam?

Per i politici – me ne rendo conto – è un momento difficilissimo. Li capisco e capisco ancor più l'angoscia di qualcuno come il nostro presidente del Consiglio che, avendo preso la via del potere come una scorciatoia per risolvere un piccolo conflitto di interessi terreni, si ritrova ora alle prese con un enorme conflitto di interessi divini, una guerra di civiltà combattuta in nome di Iddio e di Allah. No. Non li invidio, i politici.

Siamo fortunati noi, Oriana. Abbiamo poco da decidere e, non trovandoci in mezzo ai flutti del fiume, abbiamo il privilegio di poter stare sulla riva a guardare la corrente. Ma questo ci impone anche grandi responsabilità come quella, non facile, di andare dietro alla verità e di dedicarci soprattutto «a creare campi di comprensione, invece che campi di battaglia», come ha scritto Edward Said, professore di origine palestinese ora alla Columbia University, in un saggio sul ruolo degli intellettuali uscito proprio una settimana prima degli attentati in America.

Il nostro mestiere consiste anche nel semplificare quel che è complicato. Ma non si può esagerare, Oriana, presentando Arafat come la quintessenza della doppiezza e del terrorismo e indicando le comunità di immigrati musulmani da noi come incubatrici di terroristi. Le tue argomentazioni verranno ora usate nelle scuole contro quelle buoniste, da libro *Cuore*, ma tu credi che gli italiani di domani, educati a questo semplicismo intollerante, saranno migliori?

Non sarebbe invece meglio che imparassero, a lezione di religione, anche che cosa è l'Islam? Che a lezione di letteratura leggessero anche Rumi o il da te disprezzato Omar Khayyam? Non sarebbe meglio che ci fossero quelli che studiano l'arabo, oltre ai tanti che già studiano l'inglese e magari il giapponese? Lo sai che al ministero degli Esteri di questo nostro paese affacciato sul Mediterraneo e sul mondo musulmano ci sono solo due funzionari che parlano arabo? Uno attualmente è, come capita da noi, console ad Adelaide, in Australia.

Mi frulla in testa una frase di Toynbee: «Le opere di artisti e letterati hanno vita più lunga delle gesta di soldati, di statisti e mercanti. I poeti e i filosofi vanno più in là degli storici. Ma i santi e i profeti valgono di più di tutti gli altri messi assieme».

Dove sono oggi i santi e i profeti? Davvero, ce ne vorrebbe almeno uno! Ci rivorrebbe un san Francesco. Anche i suoi erano tempi di crociate, ma il suo interesse era per «gli altri», per quelli contro i quali combattevano i crociati. Fece di tutto per andarli a trovare. Ci provò una prima volta, ma la nave su cui viaggiava naufragò e lui si salvò a malapena. Ci provò una seconda volta, ma si ammalò prima di arrivare e tornò indietro. Finalmente, nel corso della quinta crociata, durante l'assedio di Damietta in Egitto, amareggiato dal comportamento dei crociati («vide il male ed il peccato»), sconvolto dalla vista dei morti sul campo di battaglia, san Francesco attraversò le linee del fronte. Venne catturato, incatenato e portato al cospetto del sultano. Peccato che non ci fosse ancora la CNN – era il 1219 –, perché sarebbe interessantissimo rivedere oggi il filmato di quell'incontro. Certo fu particolarissimo perché, dopo una chiacchierata che probabilmente andò avanti nella notte, al mattino il sultano lasciò che san Francesco tornasse, incolume, all'accampamento dei crociati.

Mi diverte pensare che l'uno disse all'altro le sue ragioni, che san Francesco parlò di Cristo, che il sultano lesse passi del Corano e che alla fine si trovarono d'accordo sul messaggio che il poverello di Assisi ripeteva ovunque: «Ama il prossimo tuo come te stesso». Mi diverte anche immaginare che, siccome il frate sapeva ridere come predicare, fra i due non ci fu aggressività e che si lasciarono di buon umore sapendo che comunque non potevano fermare la storia.

Ma oggi? Non fermarla può voler dire farla finire. Ti ricordi, Oriana, padre Balducci che predicava a Firenze quando noi eravamo ragazzi? Riferendosi all'orrore dell'olocausto atomico pose una bella domanda: «La sindrome da fine del mondo, l'alternativa fra essere e non essere hanno fatto diventare l'uomo più umano?» A guardarsi intorno la risposta mi pare debba essere «no». Ma non possiamo rinunciare alla speranza.

«Mi dica, che cosa spinge l'uomo alla guerra?» chiedeva Albert Einstein nel 1932 in una lettera a Sigmund Freud. «È possibile dirigere l'evoluzione psichica dell'uomo in modo che egli diventi più capace di resistere alla psicosi dell'odio e della distruzione?»

Freud si prese due mesi per rispondergli. La sua conclusione fu che c'era da sperare: due fattori – un atteggiamento più civile e il giustificato timore degli effetti di una guerra futura – avrebbero influito a mettere fine alle guerre in un prossimo avvenire.

La morte risparmiò a Freud giusto in tempo gli orrori della seconda guerra mondiale. Non li risparmiò invece ad Einstein, che divenne però sempre più convinto della necessità del pacifismo. Nel 1955, poco prima di morire, dalla sua casetta di Princeton in America dove aveva trovato rifugio, rivolse all'umanità un ultimo appello per la sua sopravvivenza: «Ricordatevi che siete uomini e dimenticatevi tutto il resto».

Per difendersi, Oriana, non c'è bisogno di offendere (penso ai tuoi sputi e ai tuoi calci). Per proteggersi non c'è bisogno d'ammazzare. Ed anche in questo possono esserci delle giuste eccezioni. M'è sempre piaciuta nei *Jataka*, le storie delle vite precedenti di Buddha, quella in cui persino lui, epitome della non-violenza, in una incarnazione anteriore uccide. Viaggia su una barca assieme ad altre 500 persone. Lui, che ha già i poteri della preveggenza, «vede» che uno dei passeggeri, un brigante, sta per ammazzare tutti e derubarli, e lui lo previene buttandolo nell'acqua. Il brigante affoga e gli altri sono salvi.

Essere contro la pena di morte non vuol dire essere contro la pena in genere e in favore della libertà di tutti i delinquenti. Ma per punire con giustizia occorre il rispetto di certe regole che sono il frutto dell'incivilimento, occorre il convincimento della ragione, occorrono delle prove. I gerarchi nazisti furono portati dinanzi al tribunale di Norimberga; quelli giapponesi, responsabili di tutte le atrocità commesse in Asia, furono portati dinanzi al tribunale di Tokyo prima di essere, gli uni e gli altri, dovutamente impiccati. Le prove contro ognuno di loro erano schiaccianti. Ma quelle contro Osama bin Laden?

«Noi abbiamo tutte le prove contro Warren Anderson, presidente della Union Carbide. Aspettiamo che ce lo estradiate», scrive in questi giorni dall'India agli americani, ovviamente a mo' di provocazione, Arundhati Roy, la scrittrice di *Il Dio delle piccole cose*: una come te, Oriana, famosa e contestata, amata e odiata. Come te, sempre pronta a cominciare una rissa, la Roy ha usato della discussione mondiale su Osama bin Laden per chiedere che venga portato dinanzi a un tribunale indiano il presidente americano della Union Carbide, responsabile dell'esplosione che nel 1984, nella fabbrica chimica di Bhopal, in India, fece 16.000 morti. Un terrorista anche lui? Dal punto di vista di quei morti forse sì.

Il terrorista che ora ci viene additato come il «nemico» da abbattere è il miliardario saudita che, da una tana nelle montagne dell'Afghanistan, ordina l'attacco alle Torri Gemelle; è l'ingegnere-pilota, islamico fanatico, che in nome di Allah uccide sé stesso e migliaia di innocenti; è il ragazzo palestinese che con una borsetta imbottita di dinamite si fa esplodere in mezzo a una folla.

Dobbiamo però accettare che per altri il «terrorista» possa essere l'uomo d'affari che arriva in un paese povero del Terzo Mondo con nella borsetta non una bomba ma i piani per la costruzione di una fabbrica chimica che, a causa di rischi di esplosione e inquinamento, non potrebbe mai essere costruita in un paese ricco del Primo Mondo. E la centrale nucleare che fa ammalare di cancro la gente che ci vive vicino? E la diga che disloca

decine di migliaia di famiglie? O semplicemente la costruzione di tante piccole industrie che cementificano
risaie secolari, trasformando migliaia di contadini in
operai per produrre scarpe da ginnastica o radioline, fino al giorno in cui è più conveniente portare quelle la-
vorazioni altrove e le fabbriche chiudono, gli operai restano senza lavoro e non essendoci più i campi per far
crescere il riso la gente muore di fame?

Questo non è relativismo. Voglio solo dire che il terrorismo, come modo di usare la violenza, può esprimersi in varie forme, a volte anche economiche, e che sarà
difficile arrivare a una definizione comune del nemico
da debellare.

I governi occidentali oggi sono uniti nell'essere a
fianco degli Stati Uniti; pretendono di sapere esattamente chi sono i terroristi e come vanno combattuti.
Molto meno convinti sembrano invece i cittadini dei vari paesi. Per il momento non ci sono state in Europa di-
mostrazioni di massa per la pace; ma il senso del disa-
gio è diffuso, così come è diffusa la confusione su quel
che si debba volere al posto della guerra. «Dateci qualcosa di più carino del capitalismo», diceva il cartello di
un dimostrante in Germania. «Un mondo giusto non è
mai NATO», c'era scritto sullo striscione di alcuni giovani che marciavano giorni fa a Bologna. Già. Un mondo «più giusto» è forse quel che noi tutti, ora più che
mai, potremmo pretendere. Un mondo in cui chi ha tanto si preoccupa di chi non ha nulla; un mondo retto da
princìpi di legalità e ispirato ad un po' più di moralità.

La vastissima, composita alleanza che Washington sta mettendo in piedi, rovesciando vecchi schieramenti e riavvicinando paesi e personaggi che erano stati messi alla gogna, solo perché ora tornano comodi, è solo l'ennesimo esempio di quel cinismo politico che oggi alimenta il terrorismo in certe aree del mondo e scoraggia tanta brava gente nei nostri paesi.

Gli Stati Uniti, per avere la maggiore copertura possibile e per dare alla guerra contro il terrorismo un crisma di legalità internazionale, hanno coinvolto le Nazioni Unite, eppure gli Stati Uniti stessi rimangono il paese più reticente a pagare le proprie quote al Palazzo di Vetro, sono il paese che non ha ancora ratificato né il trattato costitutivo della Corte Internazionale di Giustizia né il trattato per la messa al bando delle mine antiuomo, e tanto meno quello di Kyoto sulle mutazioni climatiche.

L'interesse nazionale americano ha la meglio su qualsiasi altro principio. Per questo ora Washington riscopre l'utilità del Pakistan, prima tenuto a distanza per il suo regime militare e punito con sanzioni economiche a causa dei suoi esperimenti nucleari; per questo la CIA sarà presto autorizzata di nuovo ad assoldare mafiosi e gangster cui affidare i «lavoretti sporchi» di liquidare qua e là nel mondo le persone che la CIA stessa metterà sulla sua lista nera.

Eppure un giorno la politica dovrà ricongiungersi con l'etica se vorremo vivere in un mondo migliore: migliore in Asia come in Africa, a Timbuctu come a Firenze.

A proposito, Oriana. Anche a me ogni volta che, come ora, ci passo, questa città mi fa male e mi intristisce. Tutto è cambiato, tutto è involgarito. Ma la colpa non è dell'Islam o degli immigrati che vi si sono installati. Non son loro che han fatto di Firenze una città bottegaia, prostituita al turismo! È successo dappertutto. Firenze era bella quando era più piccola e più povera. Ora è un obbrobrio, ma non perché i musulmani si attendano in piazza del Duomo, perché i filippini si riuniscono il giovedì in piazza Santa Maria Novella e gli albanesi ogni giorno attorno alla stazione. È così perché anche Firenze s'è «globalizzata», perché non ha resistito all'assalto di quella forza che, fino a ieri, pareva irresistibile: la forza del mercato.

Nel giro di due anni da una bella strada del centro, via Tornabuoni, in cui fin da ragazzo mi piaceva andare a spasso, sono scomparsi una libreria storica, un vecchio bar, una tradizionalissima farmacia e un negozio di musica. Per far posto a che? A tanti negozi di moda. Credimi, anch'io non mi ci ritrovo più.

Per questo sto, anch'io ritirato, in una sorta di baita nell'Himalaya indiana dinanzi alle più divine montagne del mondo. Passo ore, da solo, a guardarle, lì maestose ed immobili, simbolo della più grande stabilità, eppure anche loro, col passare delle ore, continuamente diverse e impermanenti come tutto nell'universo. La natura è una grande maestra, Oriana, e bisogna ogni tanto tornarci a prendere lezione. Tornaci anche tu. Chiusa nella scatola di un appartamento dentro la scatola di un grattacielo, con dinanzi altri grattacieli pieni di gente inscatolata, finirai per sentirti sola davvero; sentirai la tua esistenza come un accidente e non come parte di un tutto molto, molto più grande di tutte le torri che hai davanti e di quelle che non ci sono più. Guarda un filo d'erba al vento e sentiti come lui. Ti passerà anche la rabbia.

Ti saluto, Oriana e ti auguro di tutto cuore di trovare pace. Perché se quella non è dentro di noi non sarà mai da nessuna parte.

LETTERA DA PESHAWAR

Al bazar dei racconta-storie

Peshawar, 27 ottobre 2001

SONO venuto in questa città di frontiera per essere più vicino alla guerra, per cercare di vederla coi miei occhi, di farmene una ragione; ma, come fossi saltato nella minestra per sapere se è salata o meno, ora ho l'impressione di affogarci dentro. Mi sento andare a fondo nel mare di follia umana che, con questa guerra, sembra non avere più limiti. Passano i giorni, ma non mi scrollo di dosso l'angoscia: l'angoscia di prevedere quel che succederà e di non poterlo evitare, l'angoscia di essere un rappresentante della più moderna, più ricca, più sofisticata civiltà del mondo ora impegnata a bombardare il paese più primitivo e più povero della terra; l'angoscia di appartenere alla razza più grassa e più sazia ora impegnata ad aggiungere nuovo dolore e miseria al già stracarico fardello di disperazione della gente più magra e più affamata del pianeta. C'è qualcosa di immorale, di sacrilego, ma anche di stupido – mi pare – in tutto questo.

A tre settimane dall'inizio dei bombardamenti angloamericani dell'Afghanistan la situazione mondiale è molto più tesa ed esplosiva di quanto lo fosse prima. I rapporti fra israeliani e palestinesi sono in fiamme, quelli fra Pakistan ed India sono sul punto di rottura; l'intero mondo islamico è in agitazione ed ogni regime moderato di quel mondo, dall'Egitto all'Uzbekistan, al Pakistan stesso, subisce la montante pressione dei gruppi fondamentalisti. Nonostante tutti i missili, le bombe e le operazioni segretissime dei commando, mostrateci in piccoli spezzoni del Pentagono, come per farci credere che la guerra è solo un video game, i talebani sono ancora saldamente al potere, la simpatia nei loro confronti cresce all'interno dell'Afghanistan, mentre diminuisce in ogni angolo del mondo il senso della nostra sicurezza.

« Sei musulmano? » mi chiede un giovane quando mi fermo al bazar a mangiare una focaccia di pane azzimo.

« No. »

« Allora che ci fai qui? Presto vi ammazzeremo tutti. »

Attorno tutti ridono. Sorrido anch'io.

Lo chiamano Kissa Qani, il bazar dei racconta-storie. Ancora una ventina d'anni fa era uno degli ultimi, romantici crocevia dell'Asia, pieno delle più varie mercanzie e varie genti. Ora è una sorta di camera a gas con l'aria irrespirabile per le esalazioni e le folle sempre più mal in arnese a causa dei tantissimi rifugiati e mendicanti. Fra le vecchie storie che ci si raccontavano c'era quella di Avitabile, un napoletano soldato di ventura arrivato qui a metà dell'Ottocento con un amico di Modena e diventato governatore di questa città. Per tenerla in pugno, ogni mattina, all'ora di colazione, faceva impiccare un paio di ladri dal minareto più alto della moschea e da allora ai bambini di Peshawar è stato detto: «Se non sei buono, ti do ad Avitabile». Oggi le storie che si raccontano al bazar sono tutte sulla guerra americana.

Alcune, come quella secondo cui l'attacco a New York e Washington è stato opera dei servizi segreti di Tel Aviv – per questo nessun israeliano sarebbe andato a lavorare nelle Torri Gemelle l'11 settembre –, e quella secondo cui l'antrace per posta è una operazione della CIA per preparare psicologicamente gli americani a bombardare Saddam Hussein, sono già vecchie, ma continuano a circolare e soprattutto ad essere credute. L'ultima è che gli americani si sarebbero resi conto che con le bombe non riescono a piegare l'Afghanistan ed hanno ora deciso di lanciare sacchi pieni di dollari sulla gente. «Ogni missile costa due milioni di dollari. Ne hanno già tirati più di cento. Pensa: se avessero dato a noi tutti quei soldi, i talebani non sarebbero più al potere», dice un vecchio rifugiato afghano, ex comandante di un gruppo di mujaheddin anti-sovietici, venuto a sedersi accanto a me.

L'idea che gli americani son pieni di soldi e disposti ad essere generosi con chi sia disposto a schierarsi dalla loro parte è diffusissima. Giorni fa alcune centinaia di capi religiosi e tribali della comunità afghana in esilio si sono riuniti in un grande anfiteatro nel centro di Peshawar per discutere del futuro dell'Afghanistan «dopo i talebani». Per ore e ore dei bei, barbutissimi signori – ottimi per i primi piani delle televisioni occidentali – si sono avvicendati al microfono a parlare di «pace e uni-

tà », ma nei loro discorsi non c'era alcuna passione, non
c'era alcuna convinzione. « Son qui solo per registrare il
loro nome e cercare di raccogliere fondi americani », diceva un vecchio amico, un intellettuale pakistano, di
origine pashtun come quella gente. « Ognuno guarda
l'altro chiedendosi: 'E tu quanto hai già avuto?' Quel
che gli americani dimenticano è un nostro vecchio proverbio: un afghano si affitta, ma non si compra. »

Per gli americani la riunione di Peshawar era il primo
importante passo per quella che, sulla carta, pareva loro
la ideale soluzione politica del problema afghano: far
tornare il re Zahir Shah, installare a Kabul un governo
in cui tutti fossero rappresentati – magari anche alcuni
capi talebani moderati – e mandare l'esercito del nuovo
regime a caccia degli uomini di Al Qaeda, risparmiando
così il lavoro e i rischi ai soldati della coalizione. Ma le
soluzioni sulla carta non sempre funzionano sul terreno,
specie quando questo terreno è l'Afghanistan.

Già l'idea che il vecchio re, in esilio a Roma da tren-
t'anni, possa ora giocare un ruolo nel futuro del paese è
una illusione di chi crede di poter rifare il mondo a tavolino, è una pretesa di quei diplomatici che non escono
dalle loro stanze ad aria condizionata. Basta andare fra
la gente per rendersi conto che il vecchio sovrano non
gode di quel prestigio che le cancellerie occidentali –
specie quella italiana – gli attribuiscono e che il suo
non essersi mai fatto vedere, il suo non aver mai visitato
un campo di rifugiati viene preso come una indicazione
di indifferenza per la sofferenza del suo popolo. « Ba-

stava che al tempo dell'invasione sovietica si fosse fatto fotografare con un fucile in mano e avesse sparato un colpo in aria. Oggi lo rispetterebbero», dice l'amico, «... e poi, non è mai andato in pellegrinaggio alla Mecca, il che, coi tempi che corrono, gli avrebbe dato un po' di rilievo anche dal punto di vista religioso.»

A parte il re, l'altro uomo su cui gli americani contavano per il loro gioco era Abdul Haq, uno dei più prestigiosi comandanti della resistenza anti-sovietica, tenutosi poi fuori dalla guerra civile che seguì. «Non è qui. È andato in Afghanistan», si diceva durante la conferenza di Peshawar, alludendo ad una «missione» che sarebbe stata decisiva per il futuro. L'idea ovvia era che Abdul Haq, col suo prestigio e il suo grande ascendente sui tanti vecchi mujaheddin alleatisi coi talebani, avrebbe staccato dal regime del mullah Omar alcuni comandanti regionali e avrebbe potuto marciare su Kabul alla testa di gruppi pashtun quando la capitale fosse stata presa dall'Alleanza del Nord, che i pashtun e i pakistani non vogliono assolutamente vedere al potere.

La «missione» di Abdul Haq non è durata a lungo. I talebani lo hanno seguito appena quello è entrato in Afghanistan, dopo alcuni giorni lo hanno catturato e nel giro di poche ore lo hanno giustiziato come un «traditore» assieme a due suoi seguaci. Gli americani con tutta la loro attrezzatura elettronica e i loro super-elicotteri non sono riusciti a salvarlo.

Il presupposto di tutta questa manovra americana per una soluzione politica era comunque che il regime dei talebani si sfaldasse, che sotto la pressione delle bombe cominciassero le defezioni e che nel paese si creasse un vuoto di potere. Ma tutto questo non è successo. Anzi. Ogni indicazione è che i talebani sono ancora in carica. Catturano giornalisti occidentali che si avventurano oltre la frontiera e fanno sapere, per scoraggiare altri tentativi, di non avere più spazio né cibo per detenerne altri. «Le varie inchieste sono in corso. Verranno tutti giudicati secondo la sharya, la legge coranica», dicono come farebbe un qualsiasi Stato sovrano. I talebani passano decreti, fanno comunicati per smentire notizie false e continuano a sfidare la strapotenza americana non cedendo terreno e promettendo morte agli afghani che si schierano con il nemico.

Non solo. Il fatto che i talebani siano ora attaccati da degli stranieri fa sì che anche chi aveva poca o nessuna simpatia per il loro regime ora si schiera dalla loro parte. «Quando un melone vede un altro melone, ne prende il colore», dicono i pashtun. Dinanzi agli stranieri, visti di nuovo come invasori, gli afghani diventano sempre più dello stesso colore.

Per gli americani, già sotto enorme pressione internazionale per la stupidità delle loro bombe intelligenti che continuano a cadere su gente inerme e di nuovo sui magazzini della Croce Rossa, la guerra aerea s'è rivelata, nelle prime tre settimane, un completo fallimento, quella politica uno smacco.

Avevano cominciato la campagna afghana dicendo di volere Osama bin Laden, «vivo o morto», ed hanno presto ripiegato sul voler catturare o uccidere il mullah Omar, capo dei talebani, sperando che questo avrebbe fatto vacillare il regime, ma finora quel che son riusciti a fare, oltre a centinaia di vittime civili, è terrorizzare la popolazione delle città già ridotte a macerie. Le Nazioni Unite calcolano che le bombe hanno fatto fuggire da Kandahar, Kabul e Jalalabad il 75 per cento degli abitanti. Questo vuol dire che almeno un milione e mezzo di persone sono ora senza tetto, si aggirano nelle montagne del paese e si aggiungono ai sei milioni che, sempre secondo le Nazioni Unite, erano già « a rischio » per mancanza di cibo e protezione prima dell'11 settembre.

« Quelli sono gli innocenti di cui dobbiamo occuparci », dice un funzionario internazionale. « Quelli che non hanno nulla a che fare col terrorismo, quelli che non leggono i giornali, che non guardano la CNN. Molti di loro non sanno neppure che cosa è successo alle Torri Gemelle. »

Quel che tutti sanno invece è che le bombe, le bombe che giorno e notte distruggono, uccidono e scuotono la terra come in un costante terremoto, le bombe sganciate dagli aerei d'argento che piroettano nel cielo di lapislazzulo dell'Afghanistan, sono bombe inglesi e americane, e questo coagula l'odio dei pashtun, degli afghani e più in generale dei musulmani contro gli stranieri. Ogni giorno di più l'ostilità è ovvia sulla faccia della gente.

Ero andato al bazar perché volevo vedere quanti avrebbero partecipato alla manifestazione pro-talebani che si tiene di routine nella vecchia Peshawar dopo la preghiera di mezzogiorno, ma l'amico pashtun mi aveva avvertito che il numero dei dimostranti non vuol dire ormai nulla. « I duri non marciano più, si arruolano. Vai nei villaggi », m'aveva detto.

L'ho fatto, e per un giorno e una notte, in compagnia di due studenti universitari che in quella regione sembravano conoscere tutti e tutto, ho gettato uno sguardo su un mondo la cui distanza dal nostro non è misurabile in chilometri, ma in secoli: un mondo che dobbiamo capire a fondo se vogliamo evitare la catastrofe che ci sta davanti.

La regione in cui sono stato è a due ore di macchina da Peshawar, a mezza strada dalla frontiera afghano-pakistana. Per le popolazioni di qui la frontiera – anche quella stabilita a tavolino oltre cento anni fa da un funzionario inglese – non esiste. Dall'una e dall'altra parte di quella innaturale divisione politica fra identiche montagne vive una identica gente: i pashtun (detti anche pathan) che in Afghanistan sono la maggioranza, in Pakistan una minoranza. I pashtun, prima che afghani o pakistani, si sentono pashtun ed il sogno di un Pashtunstan, uno Stato che aggreghi tutti i pashtun, non è mai completamente tramontato. I pashtun sono i temuti guerrieri dell'Afghanistan; sono loro che gli inglesi non riuscirono mai a sconfiggere. « Un pashtun ama il suo fucile più di suo figlio », dicevano. I talebani sono pashtun e quasi esclusivamente pashtun sono le zone in cui ora cadono le bombe americane. « Mio padre è sempre

stato un liberale e un moderato, ma dopo i bombardamenti anche lui parla come un talebano e sostiene che
non c'è alternativa alla jihad», diceva uno dei miei studenti, mentre lasciavamo Peshawar.

La strada correva fra piantagioni di canna da zucche-
ro. Sui muri bianchi che dividono i campi spiccavano
grandi slogan dipinti di fresco: «La jihad è il dovere
della nazione», «Un amico degli americani è un traditore», «La jihad durerà fino al giorno del giudizio». Il
più strano era: «Il Profeta ha ordinato la jihad contro
l'India e l'America». Nessuno qui si chiede se al tempo
del Profeta, millequattrocento anni fa, l'India e l'America esistessero già. Ma è appunto questa accecante mi-
stura di ignoranza e di fede ad essere esplosiva e a creare, attraverso la più semplicistica e fondamentalista versione dell'Islam, quella devozione alla guerra e alla
morte con cui abbiamo deciso, forse un po' troppo av-
ventatamente, di venirci a confrontare.

«Quando uno dei nostri salta su una mina o viene dilaniato da una bomba, prendiamo i pezzi che restano, i
brandelli di carne, le ossa rotte, mettiamo tutto nella
stoffa di un turbante e seppelliamo quel fagotto, lì, nella
terra. Noi sappiamo morire, ma gli americani? Gli inglesi? Sanno morire così?» Dal fondo della stanza un
altro uomo barbuto, ricordandosi da dove, presentando-
mi, ho detto di venire, apre un giornale in urdu e ad alta
voce legge una breve notizia in cui si dice che anche l'I-
talia si è offerta di mandare navi e soldati, e il mio interlocutore personalizza la sua sfida: «... e voi italiani

allora? Siete pronti a morire così? Perché anche voi venite qui ad uccidere la nostra gente, a distruggere le nostre moschee? Che direste se noi venissimo a distruggere le vostre chiese, se venissimo a radere al suolo il vostro Vaticano? »

Siamo in una sorta di rudimentalissimo ambulatorio in un villaggio a una decina di chilometri dal confine afghano. Negli scaffali polverosi ci sono delle polverose medicine; al muro una bandiera verde e nera con al centro un sole in cui è scritto « jihad ». Attorno al « dottore » che mi parla si sono riuniti una decina di giovani: alcuni sono veterani della guerra, altri stanno per andarci. Uno è appena tornato dal fronte e racconta dei bombardamenti. Dice che gli americani sono codardi perché sparano dal cielo, scappano e non osano combattere faccia a faccia. Dice che il Pakistan impedisce ai profughi di entrare nel paese e che tanti civili, feriti nei bombardamenti di Jalalabad, muoiono ora dall'altra parte del confine per mancanza delle più semplici cure.

L'atmosfera è tesa. Qui, ancora più che al bazar, tutti sono assolutamente convinti che quella in corso è una grande congiura-crociata dell'Occidente per distruggere l'Islam, che l'Afghanistan è solo il primo obiettivo e che l'unico modo di resistere è per tutto il mondo islamico di rispondere all'appello per la guerra santa. « Vengano pure gli americani, così ci potremo procurare delle buone scarpe, togliendole ai cadaveri », dice uno dei giovani. « A voi la guerra costa tantissimo. A noi nulla. Non sconfiggerete mai l'Islam. »

Cerco di spiegare che la guerra in corso è contro il
terrorismo, non l'Islam, cerco di dire che l'obiettivo
della coalizione internazionale guidata dagli americani
non sono gli afghani, ma Osama bin Laden e i talebani
che lo proteggono. Non convinco nessuno. «Io non so
chi sia Osama», dice il «dottore». «Non l'ho mai incontrato, ma se Osama è nato a causa delle ingiustizie
commesse in Palestina e in Iraq, sappiate che le ingiustizie ora commesse in Afghanistan faranno nascere
tanti, tanti altri Osama.»

Di questo sono convinto e la prova è dinanzi ai miei
occhi: l'ambulatorio è un centro di reclutamento per la
jihad, il «dottore» è il capo di un gruppo di venti giovani che domani partirà per l'Afghanistan. Ognuno por-
terà con sé un'arma, del cibo e del danaro. In ogni villaggio ci sono gruppi così. Il «dottore» parla di alcune
migliaia di mujaheddin che da questa regione, formalmente in Pakistan, stanno per andare a combattere a
fianco dei talebani. L'addestramento? Tutti, dice il
«dottore», han fatto due mesi per imparare l'uso delle
armi e delle tecniche di guerriglia. Ma quel che conta è
l'istruzione religiosa ricevuta nelle tante piccole scuole
coraniche, le madrassa, sparse nella campagna. Mi han
portato a visitarne una. Disperante.

Seduti per terra, davanti a dei tavolinetti di legno,
una cinquantina di bambini – c'erano anche alcune
bambine – dai tre ai dieci anni, tutti pallidi, magri e
consunti, cantilenavano senza interruzione i versetti
del Corano. Nella loro lingua? No, in arabo, che nessu-

no sa. «Sanno però che chi riesce a imparare tutto il Corano a memoria, lui e tutta la sua famiglia andranno in paradiso per sette generazioni!» mi ha spiegato il giovane barbuto che faceva da istruttore. Trentacinque anni, sposato con cinque figli, ammalato di cuore, fratello del capo della locale moschea, diceva che nonostante le sue condizioni di salute anche lui sarebbe andato a combattere. Aspettava solo che gli americani scendessero dai loro aerei e si facessero vedere al suolo. «Se non smettono di bombardare costituiremo piccole squadre di uomini che andranno a mettere bombe e a piantare la bandiera dell'Islam in America. Se verranno presi dall'FBI si suicideranno», diceva con un sorriso invasato.

A parte la memorizzazione del Corano, le madrassa insegnano poco o nulla, ma per le famiglie povere della regione quella, pur miserissima, è l'unica educazione possibile. Il risultato sono i giovani che ora vanno alla jihad.

Dovunque ci siamo fermati in quelle ore non ho sentito che discorsi carichi di fanatismo, di superstizione, di certezze fondate sull'ignoranza. Eppure, sentendo parlare questa gente, mi chiedevo quanto anche noi, pur colti e rimpinzati di conoscenze, siamo pieni di preteso sapere, quanto anche noi finiamo per credere alle bugie che ci raccontiamo.

A sette settimane dagli attacchi in America le prove che ci erano state promesse sulla colpevolezza di Osama bin Laden, e di riflesso dei talebani, non ci sono state ancora date, eppure quella colpevolezza è ormai data per scontata. Anche noi ci facciamo illudere dalle parole e abbiamo davvero creduto che la prima operazione delle forze speciali americane in Afghanistan era intesa a trovare il centro di comando dei talebani, senza pensare che, come dice il mio amico, «quel centro non esiste o è al massimo una capanna di fango con un tappeto da preghiera e qualche piccione viaggiatore, ora che i talebani non possono più usare le loro radioline, facilmente intercettabili dagli americani».

E non è il fanatismo di questi fondamentalisti simile al nostro arrogante credere che abbiamo una soluzione per tutto? Non è la loro cieca fede in Allah pari alla nostra fede nella scienza, nella tecnica, nell'abilità di mettere la natura al nostro servizio?

È con queste certezze che andiamo oggi a combattere in Afghanistan con i mezzi più sofisticati, gli aerei più invisibili, i missili più lungimiranti e le bombe più ammazzauomo per rifarci di un atto di guerra commesso da qualcuno armato solo di tagliacarte e di una ferma determinazione a morire.

Come non rendersi conto che per combattere il terrorismo siamo venuti a uccidere degli innocenti e con ciò ad aizzare ancor più un cane che giaceva? Come non vedere che abbiamo fatto un passo nella direzione sbagliata, che siamo entrati in una palude di sabbie mobili e che con ogni altro passo finiremo solo per allontanarci sempre più dalla via di uscita?

Dopo la conversazione con i fanatici della jihad quella fra me e me è continuata per il resto della notte, passata insonne a tenermi lontano le zanzare. Certo che non è invidiabile una società come quella che produce dei ragazzi così ottusi e disposti a morire. Ma lo è forse la nostra? Lo è quella americana che accanto agli eroici pompieri di Manhattan produce anche gente come il bombarolo di Oklahoma City, gli attentatori alle cliniche abortiste e forse anche quelli che – il sospetto cresce – mettono l'antrace nelle buste spedite a mezzo mondo?

Quella su cui avevo appena gettato uno sguardo era una società carica d'odio. Ma è da meno la nostra che ora, per vendetta o magari davvero per mettere le mani sulle riserve naturali dell'Asia centrale, bombarda un paese che vent'anni di guerra han già ridotto ad una immensa rovina? Possibile che per proteggere il nostro modo di vivere si debbano fare milioni di rifugiati, si debbano far morire donne e bambini? Per favore, vuole spiegarmi qualcuno esperto in definizioni che differenza c'è fra l'innocenza di un bambino morto nel World Trade Center e quella di uno morto sotto le nostre bombe a Kabul?

La verità è che quelli di New York sono i «nostri» bambini, quelli di Kabul invece, come gli altri 100.000 bambini afghani che, secondo l'UNICEF, moriranno quest'inverno se non arrivano subito dei rifornimenti, sono i bambini «loro». E quei bambini loro non ci interessano più. Non si può ogni sera, all'ora di cena, vedere alla televisione un piccolo mocciioso afghano che aspetta di avere una pagnotta. Lo si è già visto tante volte; non fa più spettacolo. Anche a questa guerra ci siamo già abituati. Non fa più notizia e i giornali richiamano i loro corrispondenti, le televisioni riducono i loro staff, tagliano sui collegamenti via satellite dai tetti degli alberghi a cinque stelle di Islamabad. Il circo va altrove, cerca altre storie, l'attenzione è già stata anche troppa.

Eppure l'Afghanistan ci perseguiterà perché è la cartina di tornasole della nostra immoralità, delle nostre pretese di civiltà, della nostra incapacità di capire che la violenza genera solo violenza e che solo una forza di pace e non la forza delle armi può risolvere il problema che ci sta dinanzi.

«Le guerre cominciano nella mente degli uomini ed è nella mente degli uomini che bisogna costruire la difesa della pace», dice il preambolo della costituzione dell'UNESCO. Perché non provare a cercare nelle nostre menti una soluzione che non sia quella brutale e banale di altre bombe e di altri morti? Abbiamo sviluppato una grande conoscenza, ma non quella appunto della nostra mente, ed ancor meno quella della nostra coscienza, mi dicevo tentando di tenere lontane le zanzare.

La notte è fortunatamente breve. Alle cinque la voce metallica di un altoparlante comincia a salmodiare dall'alto di un minareto vicino; altre rispondono in lontananza. Partiamo.

Nella hall dell'albergo dove arrivo a fare colazione è già accesa la televisione. La prima notizia, all'alba, non è più la guerra in Afghanistan, ma l'annuncio fatto a Washington del «più grande contratto di forniture belliche nella storia del mondo». Il Pentagono ha deciso di affidare alla Lockheed Martin la costruzione della nuova generazione di sofisticatissimi aerei da caccia: 3000 pezzi per un valore di 200 miliardi di dollari. Gli aerei entreranno in funzione nel 2012.

Per bombardare chi? mi chiedo. Penso ai ragazzini della madrassa che nel 2012 avranno giusto vent'anni e mi torna in mente una frase dell'invasato «dottore»: «Se gli americani vogliono combatterci per quattro anni, noi siamo pronti, se vogliono farlo per quarant'anni siamo pronti. Per quattrocento, siamo pronti».

E noi? Questo è davvero il momento di capire che la storia si ripete e che ogni volta il prezzo sale.

LETTERA DA QUETTA

Il talebano col computer

Quetta, 14 novembre 2001

SCRIVO queste righe da una modesta locanda affacciata sul grande bazar della città dove una medioevale folla di uomini barbuti e inturbantati, avvolti nella moderna foschia azzurrognola delle esalazioni di autobus e motorini, si mescola a ciuchi, cavalli, barrocci e carretti. La frontiera afghana è a un centinaio di chilometri e questa città, acquattata in una conca di spigolose, brulle montagne grigio-rosa, è una delle spiagge su cui si abbattono le onde della guerra vicina lasciandosi dietro i soliti resti umani del naufragio: profughi, orfani, feriti, mendicanti.

Non si fanno due passi senza essere accostati da mani scarne e supplicanti, da sguardi vuoti di donne dietro il burqa. Sono riuscito a trovare una camera qui perché il « turista » americano che la occupava è partito una mattina per l'Afghanistan e non è più tornato. La prima versione della sua scomparsa è stata che i talebani lo avevano arrestato ed impiccato come agente della CIA. Un'altra che è stato ucciso in uno scontro a fuoco. I talebani hanno semplicemente detto che il cadavere era all'ospedale di Kandahar e chi voleva poteva andare a prenderselo. Nessuno l'ha fatto e il padrone della locanda ha riaffittato la stanza. Secondo lui l'americano si faceva chiamare «maggiore», parlava un paio di lingue locali e mostrava a tutti dei bei rotoli di dollari. Chi sa chi era davvero e come sono andate le cose. Anche di una piccola storia così è ormai diventato impossibile stabilire i fatti.

Già, i fatti. Tutta la vita ci son corso dietro convinto che lì – nei fatti accertati e sicuri – avrei trovato una qualche verità. Ora, a 63 anni, dinanzi a questa guerra appena cominciata e con l'inquietante presentimento di quel che seguirà, mi pare che i fatti sono solo un'apparenza e che la verità dentro di loro è al massimo come una bambola russa: appena la si apre se ne trova una più piccola e ancora una più piccola, e ancora una più piccola fino a che si resta con un minuscolo seme.

Frastornati dai dettagli di tanti fatti, perdiamo sempre di più il senso dell'insieme. A che serve essere informati ora per ora sulla caduta di Mazar-i-Sharif e di Kabul quando queste ci sono presentate come «vittorie» e non ci rendiamo conto che, come umanità, stiamo comunque subendo alcune terribili sconfitte: quella di ricorrere ancora alla guerra come soluzione dei conflitti e quella di rifiutare la non-violenza come la più grande prova di forza.

È un vecchio detto che in tutte le guerre la verità è la prima a morire. In questa la verità non ha fatto neppure in tempo a nascere. Spie, informatori, millantatori e mestatori pullulano ormai ovunque, specie in una città di frontiera come questa, ma il loro ruolo è diventato marginale. Quelli che davvero contano in questa guerra di bugie sono gli *spin doctors*, gli esperti in comunicazione, gli addetti alle pubbliche relazioni. Sono loro ad offuscare il fondo di inutilità di questa guerra e ad impedire così all'opinione pubblica del mondo, specie quella dell'Europa, di prendere una posizione morale e creativa in proposito. Un gruppo di questi scienziati-illusionisti è appena venuto da Washington a stabilirsi a Islamabad per « gestire » le centinaia di giornalisti stranieri ora in Pakistan; un super-esperto del ristretto gruppo che fino ad ieri lavorava alla Casa Bianca è andato a stabilirsi al numero 10 di Downing Street per aiutare Tony Blair nel suo ruolo di imbonitore americano, quasi fosse lui e non Colin Powell il segretario di Stato.

La verità di questa guerra sembra essere così indicibile che ha costantemente bisogno di essere impacchettata, di essere « gestita », di essere oggetto di un'astuta campagna di marketing. Ma così è diventato il nostro mondo: la pubblicità ha preso il posto della letteratura, gli slogan ci colpiscono ormai più della poesia e dei suoi versi. L'unico modo di resistere è ostinarsi a pensare con la propria testa e soprattutto a sentire col proprio cuore.

Due settimane fa ho lasciato Peshawar e in compagnia dei miei due studenti di medicina, incontrati per caso, mi son messo in viaggio per il Pakistan. L'idea era di prendere la temperatura di questo « paese dei puri » (questo vuol dire Pakistan), nato nel 1947 dalla spartizione dell'impero inglese in India per dare una patria ai musulmani, ed ora in prima linea di un conflitto in cui una delle tante poste è la sua stessa sopravvivenza. L'idea era di vedere da vicino le conseguenze della guerra in Afghanistan di cui gli americani continuano a dire che «è solo la prima fase», per capire cosa succederà al resto del mondo – il nostro mondo, il mondo di tutti – quando questa guerra da qui si sposterà verosimilmente in Iraq, in Somalia, in Sudan, forse in Siria, in Libano e chi sa ancora dove. Sono più di sessanta i paesi in cui, secondo Washington, si annidano i terroristi, e chi non collaborerà con gli Stati Uniti a snidarli sarà considerato un nemico.

Possibile che in Europa si siano levate così poche voci contro questa rigidità, quasi suicida, dell'America? Possibile che l'Europa sia stata, dopo la verità, l'altra grande vittima di questa guerra?

In questo viaggio, per evitare la trappola dei percorsi obbligati, predisposti dagli imbonitori, e quella degli alberghi di lusso, ormai tutti adibiti a tenere occupata la «stampa internazionale» con le quotidiane conferenze stampa, i comunicati e le interpretazioni di ex ministri e generali in pensione, abbiamo deciso di star lontani da tutto ciò che è ufficiale e di seguire la logica di quell'unico filo che a volte può essere davvero magico: il caso. Così, passando da un incontro casuale a un altro, con l'aiuto dei miei due studenti, ho fatto centinaia di chilometri da un angolo all'altro del paese, ho parlato con decine di persone, ho assistito al più grande raduno di

musulmani del mondo – se si esclude quello dei pelle-
grini alla Mecca – e alla fine ho provocato un ordine di
arresto nei nostri confronti da parte del ministro degli
Interni del Baluchistan che ha sguinzagliato i suoi commando per venirci a ripescare nella cittadina di Chaman, sulla linea di confine con l'Afghanistan, dove c'e-
ravamo illusi di passare, inosservati, la notte.

Il tutto è cominciato in una casa da tè di quell'affascinante centro della vecchia Peshawar che ancora è il
bazar dei racconta-storie. Seduto, accanto a noi, sulla
stuoia di paglia lisa e polverosa a bere kawa – un infu-
so di foglie non fermentate – da piccoli bricchi smalta-
ti, neri di sporco e di ammaccature, stava un uomo sui
trent'anni con una barba foltissima e lo sguardo stranamente dolce e fermo. Ci siamo guardati; ci siamo par-
lati e il pomeriggio è passato in un soffio con tutti gli
altri avventori presto in cerchio a seguire, coinvoltissi-
mi, la nostra conversazione. Non so se tutto quel che
Abu Hanifah mi ha raccontato era vero, ma, da una serie di controlli fatti poi con l'aiuto dei miei studenti,
penso lo fosse. Diceva di essere nato «35 o 37 anni
fa» nella provincia di Ghazni, in Afghanistan, di essere
il comandante di 250 talebani, di aver combattuto contro gli indiani in Kashmir, di essere stato richiamato in
Afghanistan dopo l'inizio dei bombardamenti e di essere arrivato la sera prima in Pakistan con un piccolo
gruppo dei suoi per una missione. Gli ho chiesto tutto
quel che uno vorrebbe sapere dei talebani e le sue risposte erano pronte, precise e politicamente informate

come un tempo quelle di un commissario politico cinese o vietcong.

Diceva che le bombe e i missili non fanno loro paura («i gusci dei Cruise già vengono usati per fare dei minareti»), che la guerra comincerà sul serio solo quando le truppe americane scenderanno a terra e che i talebani non potranno mai essere completamente eliminati dall'Afghanistan perché «taleb vuol dire uno che ha studiato in una madrassa e in ogni famiglia afghana c'è ormai uno come me». Diceva che anche la possibile morte del mullah Omar, ora il capo dei talebani, non cambierà nulla; il consiglio supremo dei saggi, la shura, «è fatta di mille mullah Omar ed ognuno di loro può succedergli». Diceva che ogni città, ogni villaggio, ha una struttura locale che rappresenta la shura e che quella resterà in piedi e sarà la vera autorità per la popolazione anche quando i talebani, in certe fasi della guerra, dovessero essere costretti a cedere terreno ai nemici per poi tornare ad attaccarli. Forse si illudeva, ma sembrava convintissimo.

L'impressione che ho avuto di quell'uomo non era quella di un fanatico ignorante, imbevuto di superstizione come i giovani jihadi che avevo incontrato nei villaggi fuori Peshawar. Quelli credevano che le bombe americane sarebbero state fermate da miracolose mani che al momento giusto sarebbero apparse in cielo. Erano ottusi, indottrinati all'odio. Lui no. Sapeva che le armi degli americani sono «formidabili», ma diceva che alla fine dei conti l'arma più potente è quella della fede.

Era riflessivo, informato sulle cose del mondo, cosciente. Più che un miliziano, mi pareva un monaco d'un ordine combattente, come da noi un tempo, forse, erano i templari.

Ho chiesto ad Abu Hanifah come era possibile per lui andare e venire in Pakistan, un paese prima legatissimo ai talebani ma ora schierato contro di loro e alleato degli Stati Uniti. Come era possibile per lui, ora «il nemico» della guerra contro il terrorismo, essere lì, in una città pakistana, a prendere apertamente il tè con me? Ha riso lui ed han riso tutti quelli che avevamo attorno. Questa è la realtà: nonostante l'ufficiale rovesciamento di fronte e la drammatica presa di posizione del generale Musharraf a favore di Washington, il Pakistan resta nel fondo estremamente ambivalente nei confronti della guerra. Il governo di Islamabad sa che i pashtun, sia quelli che vivono in Afghanistan sia quelli che vivono in Pakistan, si considerano una unica nazione: antagonizzarli significa rischiare una guerra civile lungo i duemila chilometri della frontiera. Il rischio crescerà se l'Afghanistan verrà praticamente diviso in due con l'Alleanza del Nord in controllo di Kabul e delle regioni settentrionali, comunque abitate da non-pashtun, ed i pashtun-talebani in controllo del Sud.

Islamabad sa che, nonostante le recenti epurazioni volute da Washington, l'intero apparato statale pakistano, specie quello delle forze armate e dello spionaggio, è pieno di elementi che coi talebani sono legati a doppio filo: li hanno concepiti, li hanno tenuti a battesimo e ne condividono l'ideologia e la fede religiosa. Non è certo un caso che la notte stessa in cui il generale Musharraf, su pressione degli americani, annunciò la rimozione del capo dei suoi servizi segreti, un incendio distrusse tutti i dossier riguardanti i talebani, le storie dei loro capi, le carte delle loro postazioni, delle loro caverne. Se gli americani avessero messo le mani su quei documenti la loro caccia a Osama bin Laden e al mullah Omar sarebbe stata molto più semplice.

Inoltre Musharraf sa che la guerra americana in Afghanistan ha creato una grande simpatia per i talebani e che il mito di Bin Laden, «eroe dei poveri oppressi», «simbolo della rivolta musulmana contro l'arroganza della superpotenza infedele», si sta diffondendo fra le masse e potrebbe rivolgersi in ogni momento contro, di lui, già descritto dai fondamentalisti come un kaffir, un infedele, uno che «mangia dollari americani».

Il semplice fatto di aver sfidato gli Stati Uniti fa di Bin Laden un eroe popolare. Dovunque sono stato in queste due settimane ho visto i suoi poster nelle rivendite dei giornali, la sua faccia sul retro degli autobus, dei trisciò, sui vetri delle macchine private, appiccicata ai carretti dei gelatai ambulanti. Le cassette coi suoi discorsi sono in vendita in tutti i bazar. Persino nei circoli della borghesia più agiata, quella che manda i figli a studiare in America, che ha legami economici con gli Stati Uniti e che appoggia il presidente Musharraf perché «con la pistola americana puntata alla testa non aveva altra scelta», ho sentito espressioni di odio anti-americano inconcepibili solo alcuni mesi fa. « Ormai c'è un piccolo Osama in ognuno di noi », mi spiegava, senza alcuna ironia, una elegante, ingioiellata signora della buona società di Lahore, durante una cena.

Era stato Abu Hanifah a farmi andare a Lahore. Mi aveva spiegato che la sua « missione » in Pakistan era di partecipare all'annuale riunione dei tablighi jamat, e così l'ho seguito. Impressionante. A trenta chilometri da Lahore, in una piana chiamata Raiwind, per tre giorni, oltre un milione di uomini (non ho visto una sola donna) venuti da ogni angolo del Pakistan e da varie parti del mondo si sono ritrovati all'ombra di immensi teloni bianchi; assieme, in una costante nuvola di polvere gialla sollevata dal vento, hanno pregato cinque volte al giorno, hanno ascoltato i discorsi degli anziani ed hanno riaffermato quell'incredibile legame di fratellanza musulmana che per noi occidentali è a volte difficile da capire, abituati come siamo a pensare sempre più al « mio » e sempre meno al « nostro ».

I tablighi sono una strana, disciplinata e potente organizzazione. Formalmente sono dei missionari islamici dediti non alla conversione degli infedeli ma alla riforma in senso spirituale dei musulmani « caduti sotto l'influsso del materialismo occidentale ». Ogni membro dell'organizzazione dedica, gratuitamente, quattro mesi all'anno a questa opera di missione. A piccoli gruppi, senza mai leggere i giornali e mai guardare la televisione per non distrarsi, viaggiano nel paese, vivono nei villaggi più remoti e reinsegnano alla gente « la originaria via di Allah». Con questo loro lavoro si sono fatti una estesa rete di contatti ed hanno ora una grande influenza, non solo in Pakistan, ma in varie parti del mondo in cui sono presenti. Il loro segreto è che restano nell'ombra. I tablighi non cercano pubblicità, non vogliono che si scriva di loro, non permettono di essere fotografati, filmati, e i loro capi non danno interviste.

I tablighi sostengono di essere per la non-violenza, di non voler fare politica e non vanno per questo confusi coi fondamentalisti dei partiti islamici estremisti che qui manifestano contro il governo e appoggiano apertamente Osama e i talebani. Eppure, passando ore e ore in quella immensa, disciplinata congrega di uomini, tutti col loro berretto bianco o un turbante in testa a snocciolare i loro rosari, mi è parso ovvio che, nonostante tutte le apparenti differenze, c'è fra i tablighi, Osama e i talebani una obiettiva coincidenza di interessi ed una implicita solidarietà. E questa va capita perché, per estensione, coinvolge ogni musulmano in ogni parte del mondo.

Osama ha innanzitutto un obiettivo politico: la liberazione dei luoghi sacri dell'Islam dalla presenza degli infedeli e dalla dinastia ora regnante, definita da lui «corrotta». In altre parole, Osama vorrebbe prendere il potere in Arabia Saudita. Il suo secondo obiettivo è riportare quel paese, i cui sudditi qui in Pakistan ad esempio sono popolarmente conosciuti come «sesso ed alcol», a una forma di Islam più puro e spirituale. Siccome vede gli Stati Uniti come i protettori dell'attuale regime saudita e i corruttori del mondo islamico in genere, Osama ha dichiarato la sua jihad.

Con l'aspetto politico di tutto questo i tablighi hanno poco o nulla a che fare. Molto invece con l'aspetto religioso. Anche loro vogliono tornare a un Islam più spirituale. E in questo simpatizzano di fondo con Osama e i talebani. Ma c'è di più. I tablighi, come molti altri elementi non necessariamente fanatici ed estremisti dell'universo islamico, hanno una più generica e più esistenziale aspirazione: quella semplicemente di condurre un'esistenza diversa dalla nostra, di vivere secondo altri princìpi, di stare fuori dai meccanismi internazionali che loro vedono dominati da leggi e valori di stampo esclusivamente occidentale.

Nelle conversazioni che ho avuto in queste due settimane con tanti e diversi tipi di musulmani in Pakistan, ho notato un continuo riferimento a una sorta di violenza di cui molti dicono ora di sentirsi vittime. La causa? Il confronto con l'Occidente. A torto o a ragione, molti percepiscono la globalizzazione come uno strumento della nostra «civiltà atea e materialistica» che, appunto attraverso l'espansione dei mercati, diventa sempre più ricca e più forte a scapito del loro mondo. Con una certa paranoia anche i musulmani più colti di questo paese vedono in ogni mossa dell'Occidente, compreso il conferimento del premio Nobel della letteratura a V.S. Naipaul, un attacco all'Islam.

Da qui la reazione difensiva e il ricorrere all'Islam come a un rifugio. La religione diventa l'arma ideologica contro la modernità, vista come occidentalizzazione. Per questo anche i moderati come i tablighi, senza voler essere jihadi, finiscono per simpatizzare con i talebani e con Osama, invece che con l'Occidente.

Questo è il problema che abbiamo dinanzi: un problema che non si risolve con le bombe, che non si risolve andando a giro per il mondo a rovesciare regimi che non ci piacciono per rimpiazzarli con vecchi re in esilio o coalizioni di convenienza messe assieme in qualche lontana capitale. Osama può anche venir stanato dall'Afghanistan; i talebani possono anche essere sgominati e ridotti a una forza annidata nelle montagne ad alimentare una nuova guerriglia, ma il problema di fondo resta. Le bombe non fanno che renderlo più virulento.

A noi può parere strano, ma c'è oggi nel mondo un crescente numero di persone che non aspira ad essere come noi, che non insegue i nostri sogni, che non ha le nostre aspettative e i nostri desideri. Un commerciante di tessuti di 60 anni, incontrato al raduno dei missionari tablighi, me lo ha detto con grande semplicità: «Non vogliamo vivere come voi, non vogliamo vedere la vostra televisione, i vostri film. Non vogliamo la vostra libertà. Vogliamo che la nostra società sia retta dalla sharya, la legge coranica, che la nostra economia non sia determinata dalla legge del profitto. Quando io alla fine di una giornata ho già venduto abbastanza per il mio fabbisogno, il prossimo cliente che viene da me lo mando a comprare dal mio vicino che ho visto non ha venduto nulla», mi ha detto. Mi son guardato attorno. E se tutta quella enorme massa di uomini – l'ultimo giorno si dice fossero un milione e mezzo – la pensasse davvero come lui?

Ero curioso. Nella folla avevo perso le tracce di Abu Hanifah, e ho chiesto a quel commerciante se potevo andarlo a trovare a casa sua. Mi ha dato l'indirizzo. Veniva da Chaman, una cittadina sulla linea di confine esattamente a mezza strada fra Quetta, capitale del Baluchistan pakistano, e Kandahar, il centro spirituale del mullah Omar in Afghanistan. Chaman è praticamente chiusa agli stranieri e l'unico modo di andarci è in un convoglio scortato dalla polizia e con un permesso speciale rilasciato a Quetta. È così che sono finito in questa locanda.

Facendo la prima passeggiata per orientarmi, ho scoperto che ero vicino all'ospedale della città dove ogni giorno arrivano i feriti civili dei bombardamenti americani su Kandahar. E lì ho conosciuto «Abdul Wasey, 10 anni, afghano, vittima di missile Cruise, gamba fratturata», come dice un cartello scritto a mano ed attaccato al muro scortecciato dietro il suo letto sporco e polveroso. È pallidissimo e magro come un'acciuga. Un mattone legato con una corda al suo calcagno penzola dal fondo del letto per tenergli immobile la gamba ingessata. L'altra, solo pelle ed ossa, è come il palo di una granata. Abdul giocava a cricket con i suoi amici in un prato quando sono stati colpiti. Gli altri sette son morti. Il padre l'ha portato qui con un fratello di 14 anni che ora gli tiene compagnia. Lui è tornato in Afghanistan. L'ospedale è pieno. Ogni letto è una storia, ma ho sentito che la mia curiosità non era benvenuta. E poi a che serve saperne di più? A che serve sapere che i missili Cruise che hanno ammazzato gli amici di Abdul, stroncato la gamba a lui e a tutti i disgraziati che giacciono immobili e muti in questo sudicio ospedale di provincia, raggiunto come una grande speranza alla fine di una giornata di viaggio, sono caduti dove son caduti a causa di una «errata impostazione del computer»? Quei missili dovremmo semplicemente smettere di produrli.

Il convoglio per Chaman parte da Quetta, a volte sì a volte no, la mattina alle dieci. L'idea è di portare un gruppetto di giornalisti autorizzati al posto di frontiera, farli restare al massimo un paio d'ore e poi riportarli a Quetta. I pakistani non vogliono rendere troppo pubblici i tanti traffici che avvengono a quel confine e si dice che incoraggino i ragazzini dei campi profughi a prendere a sassate i visitatori per tenerli lontani. Odio questo tipo di visite guidate e, appena messo piede a Chaman, coi miei due studenti, mi sono dileguato. La popolazione era ostile e non ce l'abbiamo fatta a raggiungere la casa del nostro mercante di stoffe. Ci ha salvato una delle piccole ambulanze di Abdul Saddar Edhi, il «santo» di Karachi, che vanno oltre la frontiera a prendere i feriti. Nel pomeriggio sono riuscito a incontrare una delegazione di talebani a cui ho consegnato una richiesta di visitare Kandahar il giorno dopo, ma non ho potuto passare la notte a Chaman. La polizia ci ha trovati e, do-

po qualche calcio ai miei studenti e un po' di diploma-
zia da parte mia, siamo stati rilasciati.

Anche lì il caso ci ha dato una mano. Stavamo tornando a Quetta, seguiti a vista da una jeep carica di
commando, quando la nostra macchina, proprio in cima
al passo di Khojak, ha forato concedendomi una sosta
d'una devina di minuti e con ciò una grandiosa, indi-
menticabile visione dell'Afghanistan e dell'assurdità
di quel che l'Occidente, con l'America in testa, cerca
di farci. Il sole era appena tramontato e una mezza luna
diafana cominciava ad argentarsi nel cielo di pastello
sopra una distesa di montagne. A volte rosa, a volte vio-
lette o color ocra, brulle, eppure vive, erano come le onde di un oceano congelato dall'eternità. Su una vetta vicina, una decina di camionisti avevano disteso i loro
tappetini da preghiera sulla polvere e come ritagli neri
di carta contro quell'immensità si inchinavano ritmica-
mente verso occidente, sapendo che altri milioni di musulmani in quello stesso momento facevano nella stessa
direzione gli stessi gesti con lo stesso pensiero diretto
allo stesso, indescrivibile dio che li tiene tutti uniti in
una comunione che a noi ormai sfugge.

Ripensavo alla mia ultima domenica a Firenze, dopo
l'11 settembre, quando ho fatto il giro delle chiese giusto per sentire cosa vi si diceva. Niente. Una grande delusione. Da San Miniato a Santo Spirito, a Santa Maria
Novella tutti i sacerdoti leggevano lo stesso passo del
Vangelo, tutti facevano gli stessi generici discorsi, senza un solo riferimento alla vita di oggi, ai problemi ed

alle angosce della gente per quel che sta succedendo nel mondo. Qui in Pakistan ogni venerdì le moschee tuonano, a volte delirano, ma con ciò legano i fedeli, dando loro qualcosa, magari di sbagliato, a cui pensare, a cui dedicarsi. Da noi la Chiesa preferisce ancora tacere, invece che rompere i ranghi dell'ortodossia politica e far sentire con fermezza una sua voce di pace.

Guardavo la sequenza infinita delle montagne scurirsi rapidamente e mi chiedevo come potranno mai gli americani trovare in quel labirinto lunare la caverna in cui si nasconde Osama. Si dice che ce ne siano almeno 8000, ognuna con tunnel lunghi a volte chilometri, con varie entrate, con vari livelli. E anche se lo trovano? La guerra, così come è stata annunciata, non finirà qui.

Pensata da quel passo fra le montagne d'Asia, l'Europa mi pareva lontanissima, così come sono certo che quel che succede qui pare lontano all'Europa. Eppure non è così. Quel che avviene in Afghanistan è vicinissimo, ci riguarda. Non solo perché la caduta di Kabul è tutt'altro che la soluzione ai problemi dell'Afghanistan, ma perché l'Afghanistan «è solo la prima fase». L'Iraq, la Somalia, il Sudan sono molto più vicini.

Che faremo quando Bush vorrà andare a bombardare là? Abbiamo fatto i conti con i musulmani che vivono fra noi e che ora possono essere indifferenti alla guerra in Afghanistan, ma lo saranno meno quando verranno bombardate le loro case? Vogliamo anche noi partecipare alle uccisioni di stile israeliano di tutti quelli che la CIA deciderà di mettere sulle sue liste nere?

Sarebbe molto più saggio – mi pare – che ora l'Europa dissentisse e che, invece di lasciare i suoi vari governi a fare singolarmente la loro parte di « satelliti » di Washington, si esprimesse con una sola voce ed aiutasse, da vera amica ed alleata, l'America a trovare una via d'uscita dalla trappola afghana.

Giorni fa un giornale in lingua urdu argomentava convincentemente che i vari paesi che ora in un modo o in un altro incoraggiano gli americani ad impegnarsi in Afghanistan, in fondo lo fanno sperando che gli americani ci si impantanino e che la loro credibilità di grande potenza venga messa in discussione. Iran, Cina, Russia e al limite lo stesso Pakistan hanno buone ragioni di risentimento contro gli Stati Uniti e grandi preoccupazioni per questa nuova presenza militare americana nel cuore dell'Asia centrale. L'Europa non è in alcun modo in questa posizione.

Allo stesso modo però l'Europa non può essere del tutto indifferente alla possibilità che gli Stati Uniti perseguano, dietro il paravento di questa guerra internazionale al terrorismo, un progetto tutto loro per la realizzazione di un nuovo ordine mondiale che persegua esclusivamente l'interesse nazionale americano.

Il gruppo ora al potere a Washington, formato principalmente da veterani della Guerra Fredda, con in testa il segretario alla Difesa Rumsfeld, fa pensare che questa tentazione possa essere reale. È quel gruppo, legato fra l'altro agli interessi dell'industria bellica, che ha da sempre contestato i trattati per la limitazione degli armamenti ed ora ne chiede l'abrogazione; è quel gruppo che ha sostenuto la necessità della superiorità nucleare americana ed ha in passato detto che le armi atomiche son fatte per essere usate e non per restare per sempre ferme nei silos.

Con la fine della Guerra Fredda e la scomparsa di una vera minaccia, quell'America ha visto con preoccupazione il ridursi progressivo della spesa militare USA ed ha fatto di tutto per identificare un nuovo nemico che giustificasse la rottamazione dei vecchi armamenti e la produzione di tutta una serie di nuovi sistemi bellici «intelligenti» per il campo di battaglia tecnologico del XXI secolo. Un primo candidato a questo ruolo di «nemico» è stata la Corea del Nord, finché non si è scoperto che il paese moriva letteralmente di fame ed era molto improbabile che si mettesse a sfidare la potenza americana. Poi è stata la volta della Cina, ma è risultato difficile sostenere che Pechino potesse minacciare più che l'isola di Taiwan, visto che non ha ancora neppure un bombardiere a lungo raggio. A questo punto è spuntata l'ipotesi dell'Islam, «nemico» contro cui difendersi nell'appena inventato «scontro di civiltà».

Il massacro dell'11 settembre ha reso quel nemico estremamente credibile ed ha permesso all'America di varare tutta una politica che sarebbe stata altrimenti inaccettabile. Il nemico è stato ora identificato nei «terroristi» e il processo di demonizzazione nei confronti di quelli che Washington definisce tali è cominciato. I primi a farne le spese sono stati i talebani ex mujaheddin ed Osama bin Laden, creature loro stessi, non va dimenticato, dell'America quando questa ne aveva bisogno per combattere l'Unione Sovietica.

L'Europa non può seguire, senza una pausa di riflessione, l'America su questa strada. L'Europa deve rifarsi alla propria storia, alla propria esperienza di diversità al fine di trovare la forza per un dialogo e non per uno scontro di civiltà.

La grandezza delle culture è anche nella loro permeabilità. Basta non affrontarsi a colpi di aerei carichi di civili innocenti e di bombe sganciate, seppur per sbaglio, su chi non è responsabile di nulla.

Anche dei fondamentalisti islamici come i talebani possono, pur a loro modo, cambiare. Fossero stati riconosciuti come il governo legittimo dell'Afghanistan nel 1996 quando presero il potere, forse i Buddha di Bamiyan sarebbero ancora al loro posto e forse ad Osama bin Laden non sarebbe stato steso il tappeto rosso. Anche i talebani vivono nel mondo e debbono, a loro modo, adattarcisi.

Quando sono andato al consolato afghano di Quetta per sollecitare la mia domanda del visto per Kandahar il diplomatico talebano che mi ha ricevuto aveva sulla scrivania un bel, moderno computer. Forse guardava in Internet le ultime notizie sul suo paese per indovinare quanto ancora sarebbe rimasto al suo posto, ora che Kabul è caduta.

Tornando alla locanda, mi fermo all'ospedale a salutare Abdul Wasey. Il corridoio è affollato di afghani appena arrivati con nuovi feriti. Nel letto accanto a quello di Abdul c'è ora un uomo sulla cinquantina col ventre squarciato da una scheggia. Mi vede entrare e dare ad Abdul due cose che ho portato. Raccoglie faticosamente il fiato e urla: «Prima vieni a bombardarci, poi a portarci a biscotti. Vergogna».

Non so cosa fare. Cerco dentro di me delle giustificazioni, delle parole da dire. Poi penso ai soldati francesi, tedeschi e italiani che presto si uniranno a questa guerra e mi rendo conto che, alla fine di una vita in cui ho sempre visto feriti e morti fatti da altri, mi toccherà ancora vedere, in questo ospedale o altrove, le vittime delle mie bombe, delle mie pallottole. E mi vergogno davvero.

LETTERA DA KABUL

Il venditore di patate e la gabbia dei lupi

Kabul, 19 dicembre 2001

LA vista è stupenda. La più bella che potessi immaginarmi. Ogni mattina mi sveglio in un sacco a pelo disteso sul cemento e su qualche piastrella di plastica d'uno stanzone vuoto all'ultimo piano del più alto edificio del centro città e gli occhi mi si riempiono di tutto quel che un viaggiatore diretto qui ha sempre sognato: la mitica corona delle montagne di cui un imperatore come Babur, capostipite dei moghul, avendole viste una volta, ebbe nostalgia per il resto della vita e desiderò che fossero la sua tomba; la valle percorsa dal fiume sulle cui sponde è cresciuta la città a proposito della quale un poeta, giocando sulle due sillabe del nome Kabul in persiano, scrisse: «La mia casa? Eccola: una goccia di rugiada fra i petali di una rosa»; il vecchio bazar dei Quattro Portici dove, si diceva, è possibile trovare ogni frutto della natura e del lavoro artigiano; la moschea di Puli-i-Khisti; il mausoleo di Timur Shah; il santuario del Re dalle Due Spade costruito in onore del primo comandante musulmano che nel VII secolo dopo Cristo, pur avendo già perso la testa, mozzatagli da un fendente, continuò – secondo la leggenda – a combattere con un'arma per mano, determinato com'era a imporre l'Islam, una nuova, aggressiva religione appena nata in Arabia, a una popolazione che qui, da più d'un millennio, era felicemente indù e buddhista; e poi, alta, imponente sulla cresta della prima fila di colli, proprio di fronte alle mie vetrate, la fortezza di Bala Hissar nella cui residenza hanno regnato tutti i vincitori e nelle cui galere han languito, o sono stati sgozzati, tutti i perdenti della storia afghana.

La vista è stupenda, ma da quando sono arrivato, più di due settimane fa, con in tasca una lettera di presentazione per un vecchio intellettuale, nella borsa una bibliotechina di libri-compagni-di-viaggio e in petto un gran misto di rabbia e di speranza, questa vista non mi dà pace. Non riesco a goderne perché mai, come da queste finestre impolverate, ho sentito, a volte quasi come un dolore fisico, la follia del destino a cui l'uomo, per sua scelta, sembra essersi votato: con una mano costruisce, con l'altra distrugge; con fantasia dà vita a grandi meraviglie, poi con uguale raffinatezza e passione fa attorno a sé il deserto e massacra i suoi simili.

Prima o poi quest'uomo dovrà cambiare strada e rinunciare alla violenza. Il messaggio è ovvio. Basta guardare Kabul. Di tutto quel che i miei libri raccontano non restano che i resti: la fortezza è una maceria, il fiume un rigagnolo fetido di escrementi e spazzatura, il bazar una distesa di tende, baracche e container; i mausolei, le cupole, i templi sono sventrati; della vecchia città fatta di case in legno intarsiato e fango non restano, a volte in file di centinaia e centinaia di metri, che patetici mozziconi color ocra come sulla battigia le guglie dei castelli di sabbia costruiti da bambini e subito espugnati dalle onde.

Tanti monumenti sono letteralmente scomparsi. L'enigmatico Minar-i-Chakari, Colonna della Luce, costruito fuori Kabul sulla vecchia via di Jalalabad nel I secolo dopo Cristo, forse per commemorare l'illuminazione di Buddha, non ha resistito alle cannonate e dal 1998 non è che un triste cumulo di antichi sassi.

Kabul non è più, in nessun senso, una città, ma un enorme termitaio brulicante di misera umanità; un immenso cimitero impolverato. Tutto è polvere e ho sempre di più l'impressione che nella polvere che mi annerisce costantemente le mani, che mi riempie il naso, che mi entra nei polmoni, in questa polvere c'è tutto quel che resta di tutte le ossa, di tutte le regge, le case, i parchi, i fiori e gli alberi che hanno un tempo fatto di questa valle un paradiso. Settanta diversi tipi di uva, trentatré tipi di tulipani, sette grandi giardini folti di cedri erano il vanto di Kabul. Non c'è assolutamente più nulla. E questo non per una maledizione divina, non per l'eruzione di un vulcano, lo straripamento di un fiume o una qualche altra catastrofe naturale. Il paradiso è finito una volta e poi di nuovo e poi tante altre volte per una sola, unica causa: la guerra. La guerra degli invasori di secoli fa, la guerra dell'Ottocento e dell'inizio del secolo scorso portata qui dagli inglesi – che ora, poco delicatamente, son voluti tornare a capo della «Forza di pace » –, la guerra degli ultimi vent'anni, quella a cui tutti, in un modo o nell'altro, magari solo vendendo armi a uno dei tanti contendenti, abbiamo partecipato; ed ora la guerra americana: una fredda guerra di macchine contro uomini.

Forse è l'età che mi ha fatto sviluppare una sorta di isterica sensibilità per la violenza, ma dovunque poso lo sguardo vedo buchi di pallottole, squarci di schegge, vampate nere di esplosioni ed ho l'impressione di esserne, io, ora, trafitto, mutilato, bruciato. Forse ho perso, se l'ho mai avuta, quella obiettività dell'osservatore non coinvolto, o forse è solo il ricordo di un verso che Gandhi recitava nella sua preghiera quotidiana, chiedendo di potersi « immaginare la sofferenza degli altri » per poter capire il mondo, ma davvero non riesco ad essere distaccato come se questa storia non mi riguardasse.

Dall'alto della mia finestra vedo un uomo camminare lento e voltarsi continuamente a guardare una giovane donna che gli arranca dietro senza una gamba. Forse è sua figlia. Anch'io ne ho una e solo ora, per la prima volta nella vita, penso che potrebbe saltare su una mina. Il freddo ora screpola la pelle e vedo gruppi di bambini-mendicanti che accendono dei falò con sacchetti e pezzi di plastica trovati nei cumuli di spazzatura. Ho un nipote di quell'età e mi immagino lui a respirare quell'aria puzzolenta e cancerogena pur di scaldarsi. Dopo giorni di ricerca sono finalmente riuscito a rintracciare l'anziano signore per il quale avevo una lettera di presentazione: l'ex curatore del museo di Kabul. L'ho trovato al bazar di Karte Ariana dove ora, per campare la famiglia, vende patate. Avrebbe potuto succedere a me; potrebbe ancora succedere a ognuno di noi: a causa di una guerra.

Mi hanno raccontato che, durante il periodo più duro della guerra, fra il 1992 e il 1996, quando quelle stesse fazioni dell'Alleanza del Nord che ora governano Kabul, ma che allora avevano fatto di questa città il loro campo di battaglia e il loro mattatoio (più di 50.000 furono i morti civili), i grandi container di ferro, arrivati via mare e poi via Pakistan pieni delle armi e munizioni americane per la jihad contro l'Unione Sovietica, venivano usati dai gruppi di mujaheddin come prigioni per i loro nemici e che a volte, per rappresaglia, i prigionieri ci venivano dimenticati dentro, a volte ci venivano arrostiti appiccando il fuoco a delle taniche di benzina messe attorno. Non so se sia vero, ma non riesco più a guardare uno di questi container – e ce ne sono a migliaia, dappertutto, riciclati in abitazioni, negozi ed officine – senza ripensare a quella storia.

Ogni oggetto, ogni muro, ogni faccia qui sono segnati, mi pare, da questa orribile violenza che è stata ed è ancora – ora, in questo momento, mentre scrivo – la guerra.

Neppure l'alba, dopo una notte di dormiveglia col rombo intermittente dei B-52 che passano alti, è rincuorante a Kabul. Il sole sembra un incendio dietro il paravento delle montagne che rimangono a lungo come ritagli di carta scura contro l'orizzonte. Capita che, mentre la città è ancora tutta nell'ombra, un solitario B-52 si illumini improvvisamente dei primi raggi dorati e diventi come un misterioso, inquietante uccello da preda intento a scrivere con le sue quattro code di fuoco strani messaggi di morte nel cielo nero-turchese.

I B-52 non sono qui soltanto per bombardare i rifugi degli uomini di Bin Laden o i convogli sospetti in cui potrebbe nascondersi il mullah Omar. Son qui per ricordare a tutti chi sono i nuovi poliziotti, i nuovi giudici, i nuovi padroni-burattinai di questo paese. L'alzabandiera americano, messo in scena lunedì scorso, giorno della grande festa musulmana di Id, alla fine del Ramadan, era fatto esattamente per dire questo, con la banda dei marines che intonava il *Dio salvi l'America*, i discorsi di circostanza, il picchetto d'onore ed il lento, lentissimo issare del vessillo a stelle e strisce sul pennone del giardino. Varie rappresentanze hanno riaperto a Kabul i loro battenti; diplomatici iraniani, turchi, francesi, cinesi, inglesi ed italiani hanno rispolverato le scrivanie e tirato su la loro bandiera: ma nessuno ha fatto di questa routine un tale evento.

Gli americani hanno una loro sorta di ossessione con la bandiera. Quella che hanno rimesso sull'ambasciata di Kabul è la stessa che avevano ammainato nel 1989. Ma non era la prima che gli Stati Uniti ripiantavano sul suolo afghano. Quella l'hanno issata i marines nella loro base alla periferia di Kandahar agli inizi della campagna militare. La base è stata battezzata « Campo Giustizia» e la bandiera, tanto perché sia chiaro che «giustizia» in questo caso vuol dire soprattutto «vendetta», porta le firme dei familiari delle vittime delle Torri Gemelle.

Gli afghani non hanno alcuna difficoltà a capire questo tipo di cose. Nel 1842 il grande bazar dei Quattro Portici, con i suoi famosi disegni murali e le sue decorazioni floreali, venne raso al suolo e saccheggiato dalle truppe inglesi per vendicare l'uccisione di due emissari di Londra ed il successivo sterminio, da parte degli afghani, di un corpo di spedizione di 16.000 uomini e dipendenti sulla via da Kabul a Jalalabad: solo un medico sopravvisse a raccontare la storia. Nel 1880 furono di nuovo gli inglesi, dopo aver impiccato nel cortile della fortezza 29 capi afghani di una nuova rivolta indipendentista, a radere al suolo gran parte di Bala Hissar, perché – come scrisse il generale di Sua Maestà che diresse l'operazione – «indelebile resti il ricordo di come sappiamo vendicare i nostri uomini».

Con questo tipo di «ricordi», a cui fanno riferimento tanti monumenti e nomi di strade e quartieri nella Kabul di oggi, sarebbe certo stato più corretto, da parte di quella misteriosa entità che si definisce «comunità internazionale» e che in verità sembra sempre di più un club ad uso e consumo degli Stati Uniti, affidare il comando della «Forza di pace» ad un paese che non fosse, come l'Inghilterra, identificato qui col colonialismo, l'aggressione e un record di nessun vanto: il primo bombardamento aereo della storia in cui le vittime furono dei civili fu il bombardamento di Kabul da parte dell'aviazione inglese nel 1919.

Secoli prima gli afghani avevano conosciuto un'altra e ancor più memorabile vendetta. Passando per la piana di Bamiyan nel 1221, Gengiz Khan aveva visto morire suo nipote, colpito da una freccia afghana, e aveva ordinato che in quella valle non fosse lasciato alcun segno di vita. Per giorni i soldati mongoli sgozzarono ogni uomo, donna, bambino e animale fino a che, si dice, le spade erano senza filo e le braccia stanche; poi segarono ogni albero e sradicarono ogni pianta. Fu così che per centinaia d'anni i grandi Buddha scolpiti nella roccia, ma già spogli dell'oro originale che li ricopriva, guardarono con gli occhi vuoti nella valle... aspettando che altri guerrieri, questa volta i talebani, armati di bazooka, venissero a demolirli per vendicarsi, forse, contro la «comunità internazionale» che si rifiutava, a dispetto di ogni evidenza, di riconoscerli come i legittimi governanti dell'Afghanistan.

Ora tocca ai talebani essere vittime degli americani che vogliono vendicare i loro morti e soprattutto vogliono ristabilire nel mondo l'idea della loro invulnerabilità. Il fatto che i talebani non siano direttamente – e forse neppure indirettamente – responsabili di quei morti è ormai irrilevante. Così come è irrilevante che gli afghani, certo non coinvolti nel massacro delle Torri Gemelle, siano stati i primi a pagare il conto di quella vendetta. Quanto sia costato resta un mistero.

Questa è una guerra seguita da centinaia di giornalisti, una guerra a cui sono certo dedicate più carta stampata e più ore televisive di qualsiasi altra guerra precedente, eppure è una guerra che gli Stati Uniti con grande determinazione riescono a mantenere invisibile e di cui non faranno mai sapere l'intera verità.

Ci sono in questa guerra domande a cui gli Stati Uniti si rifiutano di rispondere e che per questo nessuno pone già più. Eccone alcune: quante sono state finora le vittime civili – assolutamente innocenti – dei bombardamenti americani? A mio parere già molte di più delle vittime delle Torri Gemelle.

Quante sono state le vittime fra i militari talebani? A mio parere, oltre diecimila. La sola prova che ho è piccola, ma significativa. Prima di venire in Afghanistan sono ripassato da Peshawar e sono tornato nella regione pakistana dominata dai fondamentalisti islamici dove, subito dopo l'inizio dei bombardamenti, avevo incontrato i giovani che partivano, entusiasti, per la jihad. Bene, ne ho rivisto uno che era appena riuscito a tornare: sconfitto. I bombardamenti a tappeto dei B-52, raccontava, erano stati terrificanti e micidiali. Assieme ai suoi compagni era andato per combattere gli americani, ma di quelli non aveva visto neppure l'ombra. Aveva solo sentito i loro aerei rombare, altissimi, in cielo e vissuto i devastanti risultati delle loro bombe attorno a sé: uomini fatti letteralmente a pezzi, altri travolti dallo spaventoso spostamento d'aria, che morivano col sangue che colava loro dalle orecchie e dal naso. Di un gruppo di 43 erano sopravvissuti solo in tre. Se è successo lo stesso là dove i talebani han cercato di resistere e di mantenere il controllo del terreno, come hanno fatto per settimane a Kandahar, le loro perdite debbono essere state considerevoli.

Senza una difesa antiaerea, bloccati in postazioni fisse, in primitive trincee e fortini di terra, i talebani sono rimasti alla mercé del massiccio, ininterrotto martellamento aereo americano. Mai nella storia delle guerre ce n'è forse stata una così impari, una in cui l'asimmetria delle perdite è stata così evidente: gli Stati Uniti hanno inflitto migliaia e migliaia di morti al costo praticamente di nessuno dei loro. Eppure questo non aveva fatto cambiare al mio giovane jihadi la sua visione del mondo, non aveva indebolito la sua cieca fede nell'Islam, non lo aveva indotto a odiare di meno l'Occidente o ad ammirare gli americani per la loro superiorità militare. Niente affatto. «Le nostre armi non bastano a raggiungere gli americani nei loro aerei. Allora tocca ad Allah decidere cosa fare di loro», diceva. L'essere diventato ghazi – un veterano della jihad – gli dava ora una posizione di prestigio nel villaggio e nella organizzazione fondamentalista islamica ai cui ordini diceva di voler rimanere. «E se l'ordine fosse di andare a mettere una bomba a New York o da qualche altra parte?» gli ho chiesto. «Lo farò», ha risposto senza esitazione. In questa perversa catena di violenza, quale altra «vendetta» può ora concepire un ragazzotto musulmano, incolto e ottuso, in un villaggio di fango dell'Asia contro il pilota di un B-52 che, ai suoi occhi, ha massacrato decine dei suoi compagni?

Il terrorismo di cui sono stati vittime gli americani a New York e a Washington è nato esattamente da questa situazione di asimmetria creatasi con la fine della Guerra Fredda. Finché il mondo era bipolare e la minaccia di un reciproco annientamento nucleare teneva a bada i due Grandi, Unione Sovietica e Stati Uniti non potevano permettersi di andare a giro per il mondo a fare quel che volevano. Prima o poi uno dei due arrivava al limite posto dall'altro e doveva fermarsi. Non è più così e gli Stati Uniti, col loro sofisticato arsenale militare, ormai senza pari, possono oggi intervenire in tante parti del mondo, specie quello povero; possono permettersi qualsiasi violenza, sicuri di non doversene aspettare in cambio una eguale. Gli Stati Uniti, portando la guerra oggi in Afghanistan, domani in Sudan o in Somalia, in Iraq o in Siria, non corrono alcun rischio. Tranne quello di una eventuale risposta inversamente asimmetrica: il terrorismo.

Il modo con cui gli americani hanno deciso di reagire agli attacchi di New York e Washington non risolve il problema. Anzi lo provoca, riaffermando l'asimmetria dei rapporti. Pensando di proteggersi, gli americani hanno reso tutti più vulnerabili e la vita dell'intero pianeta più precaria e meno piacevole.

Un'altra improponibile domanda a proposito della guerra che gli americani stanno conducendo in Afghanistan è questa: che cosa è successo alle centinaia di famiglie degli arabi venuti qui a combattere, per conto degli americani, la jihad contro i sovietici e rimasti poi qui al seguito di Osama bin Laden? La casa accanto a quella del mio « venditore di patate » era abitata da un gruppo di famiglie così. « C'erano varie donne e almeno una decina di bambini. Una notte sono tutti partiti su dei camioncini », dice. Dove sono ora?

Il mio giovane jihadi fuori Peshawar raccontava che, tornando verso il Pakistan, aveva attraversato la regione attorno a Tora Bora e aveva visto dei combattenti arabi andare dai contadini pashtun della regione a pregarli di prendere con sé le loro mogli e i figli, facendosi promettere che si sarebbero occupati di loro. Come certi bambini ebrei lasciati a dei contadini ariani perché sopravvivessero alle retate naziste. Che colpe ha quella gente? Chi si occuperà di loro?

Le vittime di questa guerra non sono soltanto quelle già morte sotto le bombe, ma quelle che moriranno nei prossimi mesi perché le bombe e le mine americane hanno ridotto ulteriormente le già ridottissime aree coltivabili dell'Afghanistan, e quelle che stanno morendo ora – a decine e decine al giorno – perché, nella cinica condotta della guerra, i bombardamenti hanno bloccato per mesi le indispensabili consegne di cibo del World Food Program, l'organizzazione alimentare delle Nazioni Unite, ora diretta da una signora americana.

Ci sono in questo momento centinaia di migliaia di afghani (250.000 soltanto a Maslakh, vicino a Herat) che per sfuggire ai bombardamenti USA sono finiti in zone remote del paese dove in questa stagione, a causa della neve, è impossibile far arrivare loro del cibo e che già muoiono di fame e rischiano di scomparire in massa. Ma la loro è una tragedia che passa inosservata: disturba il quadro positivo che i portavoce della Coalizione Internazionale contro il Terrorismo intendono presentare al mondo e, tranne qualche inorridito e ribelle funzionario delle Nazioni Unite, nessuno ne parla, nessuno si indigna. Se qualcuno solleva qualche dubbio la risposta è ormai sempre la stessa: «Ricordatevi dell'11 settembre», come se quelle vittime potessero giustificare tutto, come se quelle vite fossero diverse dalle altre e comunque valessero molto, molto di più.

Una forma di violenza ne genera un'altra. Solo interrompendo questo ciclo si può sperare in una qualche soluzione, ma nessuno sembra disposto a fare il primo passo. Fra le tante organizzazioni non governative che si affollano ora in Afghanistan a portare, coi soldi dei vari governi, la loro versione di umanità e di aiuti, non ho sentito di nessuna che intenda venire qui a lavorare per la riconciliazione, a proporre la non-violenza, a far riflettere gli afghani – e forse anche gli altri – sulla futilità della vendetta. E, mio Dio, se ce ne sarebbe bisogno! Raramente ho visto un paese così imbevuto di violenza, di ostilità, così propenso alla guerra. Dovunque mi rivolgo sento odio. I tajiki odiano i pashtun, gli uzbeki odiano i tajiki, i pashtun odiano gli uzbeki e tutti odiano gli hazara, visti ancora oggi come i discendenti delle orde mongole – il loro nome significa «a migliaia» – ed eredi di Gengiz Khan.

Ho sempre creduto che la sofferenza fosse una maestra di saggezza e venendo in Afghanistan pensavo di trovarci, dopo tanta sofferenza, un terreno fertile per una riflessione sulla non-violenza e un impegno alla pace. Per niente! Neppure là dove sarebbe più ovvio.

Il centro ortopedico del Comitato Internazionale della Croce Rossa è uno dei posti più commoventi di Kabul, un concentrato di dolore e di speranza diretto da un torinese schivo ed efficiente, Alberto Cairo. Lui è la sola persona del centro ad avere due mani e due gambe. A tutti gli altri, pazienti e impiegati, medici e tecnici, manca regolarmente qualcosa. Persino l'uomo delle pulizie è senza una gamba. «Lavorare qui serve a noi a sentirci utili e serve a chi arriva qui, avendo perso un pezzo di sé, a vedere che è possibile continuare a vivere», dice l'uomo che mi accompagna. Era un traduttore. Un giorno, tornando a casa in bicicletta, un cecchino dell'Alleanza del Nord lo ha centrato in una gamba spappolandogliela sopra al ginocchio. «Se non è morto, quel tipo è ora di nuovo a Kabul», ho commentato come soprappensiero. «Lei lo ha perdonato?» «No. No. Se potessi lo ammazzerei con le mie mani», mi ha risposto. Tutti quelli che ci stavano a sentire erano d'accordo.

Nella sezione delle donne una ragazzina di 13 anni impara a camminare con un nuovo piede di plastica, muovendosi lentamente lungo un tracciato di orme rosse sul pavimento. Un giorno, sei mesi fa, la madre le ha chiesto di andare a cercare un po' di legna per il fuoco. Poco dopo ha sentito un'esplosione e le urla. Chiedo alla fisioterapista che l'aiuta, anche lei senza una gamba, persa anni fa su una mina nascosta nel cortile della scuola, se ritiene possibile un mondo senza guerra. Ride, come avessi raccontato una barzelletta. «Impossibile. Impossibile», dice.

Ogni politico in visita a Kabul si fa vedere al centro di Alberto Cairo e porta aiuti perché lui continui il suo convincentissimo lavoro. Quel che nessuno ha il coraggio di dire è che l'unico modo di metter fine a quel lavoro, agli aiuti e alle visite dei politici è quello di proibire, ora, subito, la fabbricazione e il commercio di tutte le mine possibili. Che la «comunità internazionale» mandi una «Forza di pace» a smantellare qualunque fabbrica di mine, dovunque si trovi nel mondo!

Cairo è in Afghanistan da 12 anni e conta di restarci per il resto della vita. Di lavoro ne ha: oltre al milione di vecchie mine, ci sono ora tutte quelle nuove seminate dal cielo dagli americani. Anche lui sorride della mia speranza in un mondo senza guerra. «In Afghanistan la guerra è il sale della vita», dice. «La guerra è più saporita della pace.» Il suo non è cinismo; è rassegnazione.

Ma io non posso rassegnarmi, anche se mi rendo conto che quello che stiamo vivendo è un momento particolarmente tragico per l'umanità. Da settimane tutto quello che vedo e che sento a proposito di questa guerra sembra fatto per dimostrare che l'uomo non è assolutamente la parte più nobile del creato e che nel suo cammino di incivilimento sta subendo ora, davanti ai nostri occhi, con la nostra partecipazione, una grande battuta d'arresto.

Proprio all'inizio del terzo millennio, all'inizio di quella che tanti giovani pensavano fosse *The New Age*, la nuova era di pace e serenità, l'uomo ha innescato un pericolosissimo processo di nuova barbarie. Proprio quando una serie di regole del convivere umano parevano assicurate e condivise dai più, proprio quando le Nazioni Unite sembravano diventare la sede per la risoluzione dei conflitti, proprio quando le varie convenzioni sui diritti umani, sulla protezione dell'infanzia, della donna e dell'ambiente parevano aver gettato le basi per una nuova etica internazionale, tutto è stato sconvolto e l'amministrazione della morte altrui è tornata ad essere una routine tecnico-burocratica come per Eichmann era diventato alla fine il trasporto degli ebrei.

Sotto gli occhi di soldati occidentali, a volte con la loro attiva partecipazione, prigionieri con le mani legate dietro la schiena vengono fucilati ed il massacro, definito convenientemente una «rivolta carceraria», viene archiviato. Interi villaggi di contadini, la cui unica colpa è di essere nelle vicinanze di una montagna chiamata Tora Bora, vengono rasi al suolo dai bombardamenti a tappeto. Le vittime sono centinaia, ma la loro esistenza viene spudoratamente negata con l'affermazione che «tutti gli obiettivi colpiti sono militari». Una personalità di rilievo come il segretario alla Difesa Rumsfeld descrive i combattenti di Osama bin Laden come «animali feriti», per questo particolarmente pericolosi e con ciò possibilmente da abbattere, anche quando il rifiutare la resa di un combattente disarmato è un crimine di guerra secondo le Convenzioni di Ginevra. Il fatto che le quasi quotidiane apparizioni del segretario Rumsfeld al podio del Pentagono siano diventate uno dei programmi più popolari e più seguiti d'America dice molto sullo stato attuale di gran parte dell'umanità.

La tortura stessa cessa di essere un tabù nella coscienza occidentale e nei talk-show si discute ormai apertamente sulla legittimità di ricorrervi quando si tratti di estrarre al sospetto-torturato delle informazioni che salvino vite americane. Pochissimi protestano. Nessuno chiede apertamente se i marines, le forze speciali e gli agenti della CIA, che stanno interrogando centinaia di talebani e arabi per scoprire dove si nasconda Osama bin Laden, lo facciano rispettando le norme secondo cui i prigionieri di guerra son tenuti solo a dare le proprie generalità. La «comunità internazionale» ha ormai accettato che l'interesse nazionale americano prevalga su qualsiasi altro principio, compreso quello finora sacrosanto della sovranità nazionale.

La stessa stampa americana ha messo da parte molti dei vecchi princìpi che l'hanno in passato resa importante nel suo ruolo di controllore del potere. Ho visto con i miei occhi l'originale di un articolo scritto dall'Afghanistan da un corrispondente di un grande quotidiano e quel che poi è stato pubblicato. Un tempo sarebbe stato motivo di scandalo. Non ora. «Ormai siamo diventati la *Pravda*», diceva il giornalista.

Quando un altro corrispondente ha proposto di scrivere un ritratto psicologico del mullah Omar per spiegare, fra l'altro, come e perché il capo supremo dei talebani, non consegnando Bin Laden, abbia messo in gioco l'esistenza del suo regime, la risposta della redazione è stata: «No. Il pubblico americano non è ancora pronto». La verità è che si deve evitare tutto ciò che può umanizzare la figura del «nemico», tutto ciò che può spiegare le sue ragioni. Il nemico va demonizzato, va presentato come un inaccettabile mostro da eliminare.

Solo per un attimo c'è stato nel servizio in diretta della CNN sul massacro dei prigionieri nella fortezza di Mazar-i-Sharif un tocco di compassione per quelle centinaia di cadaveri sparpagliati oscenamente nel cortile e fra i quali un soldato dell'Alleanza del Nord già andava a giro con delle orribili pinze a cercare di recuperare dei denti d'oro dalle bocche spalancate. Sullo schermo è comparso uno svizzero del Comitato Internazionale della Croce Rossa che ha spiegato d'essere lì per fotografare e cercare di identificare quei morti. «Ognuno di loro ha una famiglia», ha aggiunto. Quei pochi fotogrammi con quelle poche parole sono scomparsi da tutte le edizioni in cui il servizio è stato poi, più volte, ritrasmesso.

Non è scomparsa invece – anzi è stata ripetuta a non finire, specie nelle emissioni radio della Voice of America e della BBC rivolte all'Asia – la storia secondo cui negli ultimi giorni gruppi di talebani allo sbaraglio avrebbero fermato gli autobus sulla strada Kabul-Jalalabad, e dopo aver controllato, come facevano quando erano al potere, la lunghezza «islamica» delle barbe dei passeggeri, avrebbero mozzato naso e orecchie a tutti quelli che se l'erano accorciata. Le vittime sarebbero state portate negli ospedali di Kabul e Jalalabad. Una mattina ho fatto il giro di tutti gli ospedali della capitale alla ricerca di quei malcapitati. Non ne ho trovato uno. Non esistono. Quella storia era falsa, ma una volta trasmessa nessuno si è preoccupato di smentirla. Allo stesso modo era falsa, anche se è stata persino usata dalla moglie di Tony Blair come esempio degli «orrori» talebani, la storia secondo cui sotto il regime del mullah Omar le donne che avevano le unghie laccate se le vedevano strappare via di forza.

Le emozioni suscitate da tutta una serie di notizie false, compresa quella delle fiale di gas nervino «trovate» in un campo di Al Qaeda vicino a Jalalabad, sono servite a rendere accettabili gli orrori della guerra, a mettere le vittime nel conto dell'«inevitabile prezzo» da pagare per liberare il mondo dal pericolo del terrorismo. Questo era il fine della politica di informazione e disinformazione fatta da Washington e questo è quel che ha alimentato l'opinione pubblica del mondo occidentale. L'autocensura dei mezzi d'informazione americani, e in gran parte anche di quelli europei, ha fatto il resto.

La determinazione con cui gli Stati Uniti hanno inteso tacitare ogni voce dissidente e seccare ogni possibile fonte di verità alternativa è stata dimostrata dal missile caduto «per sbaglio» sulla sede a Kabul della televisione araba Al Jazeera. Sono andato a vedere. Non c'è stato alcuno sbaglio. La villetta in cui stava la redazione era la terza di una fila di costruzioni tutte uguali, in cemento, ad un piano, con un giardinetto attorno, in un viale uguale a tanti altri nel quartiere Wazir Akbar Khan. Nei paraggi non c'erano caserme, ministeri, carri armati o altri possibili obiettivi militari. Nel mezzo della notte un singolo missile, lanciato da un aereo ad alta quota, è caduto esattamente lì, su quella villetta, sventrandola. Un colpo alla libertà di espressione, ma un colpo ormai dato per scontato, accettato, giustificato: un colpo entrato a far parte della nostra vita come i tribunali speciali americani, gli arresti senza garanzie legali, le sentenze di morte senza appello.

Eppure niente di tutto questo – non i morti innocenti, non i massacri di prigionieri, non la limitazione dei nostri diritti fondamentali, non l'ingiustizia profonda della guerra – ha scosso l'opinione pubblica. Certo non quella americana, ma neppure quella europea.

L'attuale, diffusa indifferenza verso quel che sta succedendo agli afghani, ma in verità – senza che ce ne accorgiamo – anche a noi stessi, ha radici profonde. Anni di sfrenato materialismo hanno ridotto e marginalizzato il ruolo della morale nella vita della gente, facendo di valori come il danaro, il successo e il tornaconto personale il solo metro di giudizio. Senza tempo per fermarsi a riflettere, preso sempre più nell'ingranaggio di una vita altamente competitiva che lascia sempre meno spazio al privato, l'uomo del benessere e dei consumi ha come perso la sua capacità di commuoversi e di indignarsi. È tutto concentrato su di sé, non ha occhi né cuore per quel che gli succede attorno.

È questo nuovo tipo di uomo occidentale, cinico e insensibile, egoista e politicamente corretto – qualunque sia la politica –, prodotto della nostra società di sviluppo e ricchezza, che oggi mi fa paura quanto l'uomo col Kalashnikov e l'aria da grande tagliagole che ora è ad ogni angolo di strada a Kabul. I due si equivalgono, sono esempi diversi dello stesso fenomeno: quello dell'uomo che dimentica d'avere una coscienza, che non ha chiaro il suo ruolo nell'universo e diventa il più distruttivo di tutti gli esseri viventi, ora inquinando le acque della terra, ora tagliandone le foreste, uccidendone gli animali ed usando sempre più sofisticate forme di varia violenza contro i suoi simili. In Afghanistan tutto questo mi appare chiaro. E mi brucia e mi riempie di rabbia.

Per questo, a pensarci bene, l'unico momento di gioia che ho avuto in questo paese è stato quando ci son passato sopra. Dall'oblò di un piccolo aereo a nove posti delle Nazioni Unite in rotta da Islamabad a Kabul, il mondo appariva come se l'uomo non fosse mai esistito e non ci avesse lasciato alcuna traccia di sé. Da lassù il mondo era semplicemente meraviglioso: senza frontiere, senza conflitti, senza bandiere per cui morire, senza patrie da difendere.

Ho pietà di coloro che l'amore di sé
lega alla patria;

la patria è soltanto
un campo di tende in un deserto di sassi

dice un vecchio canto himalayano citato da Fosco Ma-
raini nel suo *Segreto Tibet*. Se anche ci fossero state,
quelle tende non le avrei viste.

Per stare al sicuro l'aereo volava a dieci chilometri di
altezza e la terra, ora ocra ora violetta e grigia, era come
la pelle grinzosa d'un vecchio gigante; i fiumi le sue ve-
ne. Dinanzi, come un mare in tempesta che improvvisamente fosse diventato di ghiaccio, avevamo la barriera
innevata dell'Hindu Kush, « l'assassino di indù », a causa delle centinaia di migliaia di indiani morti di freddo
in quelle montagne mentre venivano trasportati come
schiavi verso l'Asia centrale dai loro conquistatori moghul.

L'Afghanistan è stato da sempre, per la sua posizione
geografica, il grande corridoio del mondo. Da qui son
passate tutte le grandi religioni, le grandi civiltà, i grandi imperi; da qui son passate tutte le razze, tutte le idee,
tutte le merci, tutte le arti. Qui sono nati un visionario-
filosofo come Zarathustra, un poeta come Rumi, qui sono nati gli inni vedici che sono all'origine delle scritture
sacre indiane, e da qui è venuta la prima analisi gram-
maticale del sanscrito, la lingua a cui tutte le nostre debbono qualcosa. Da qui son passati tutti quelli che nei secoli sono andati a derubare l'India delle sue ricchezze
materiali e da qui è passata la ricchezza spirituale del-
l'India, il buddhismo, prima di diffondersi nell'Asia

centrale, in Cina, in Corea e alla fine in Giappone. E proprio in Afghanistan il buddhismo, incontrando la grecità che Alessandro il Macedone si era lasciato dietro, s'è espresso nelle sue più raffinate forme artistiche. L'Afghanistan è una vasta, profonda miniera di storia umana, sepolta nella terra di posti come Mazar-i-Sharif, Kabul, Kunduz, Herat, Ghazni e Balkh, l'antica Bactria, conosciuta come «madre di tutte le città».

«E voi, che ci fate qui?» chiese nel 1924 un viaggiatore americano, sorpreso di vedere a Kabul, fra quelle delle grandi potenze, anche un'ambasciata italiana. «L'archeologia», si sentì rispondere dall'allora ministro plenipotenziario Paternò dei Marchi. Dall'inizio del secolo scorso tanti sono stati gli scavi fatti in Afghanistan da nostre missioni scientifiche ed era davvero penoso, nelle prime settimane dei bombardamenti, sentire che i B-52 americani, alla caccia dei talebani, praticavano ora una loro nuova forma di archeologia andando a scavare, a suon di bombe a tappeto, proprio in quei posti preziosi.

Questo, d'essere al centro di un qualche interesse altrui, è il destino dell'Afghanistan. È così che dai greci ai persiani, ai mongoli, ai turchi, fino ai russi e agli inglesi nell'Ottocento, il paese è sempre stato la posta di un qualche Grande Gioco. Ancora oggi è esattamente così.

Quando l'aereo delle Nazioni Unite s'è posato sulla pista di Bagram, un posto che duemila anni fa fu la capitale di una grande civiltà – Kushan – di cui le guerre han spazzato via ogni traccia in superficie, i nuovi giocatori erano tutti lì, su quella pista di cemento in mezzo ad una valle ora deserta e punteggiata dalla spettrale presenza di carcasse di carri armati, elicotteri, camion, aerei e cannoni. Mentre tre marines e un cane lupo, anche lui americano, venivano ad annusare meticolosamente i miei bagagli, dei soldati russi trafficavano, poco più in là, attorno a un loro aereo e a una fila di camion dai tendoni chiusi su cui era scritto: «Dalla Russia per i bambini dell'Afghanistan». Dinanzi alle rovine di una caserma si vedevano le sagome di alcuni soldati inglesi. Bisognava guardare le stupefacenti montagne che al calar del sole sembrano prendere vita e muoversi col mutare delle ombre e dei colori, per non disperarsi: la vecchia storia stava semplicemente ricominciando.

La «comunità internazionale» pensa di aver trovato una soluzione per i problemi dell'Afghanistan in una formula che combina violenza e soldi, milizie afghane colpevoli di vari misfatti, ma ora tenute a bada anche loro dai B-52, e una persona per bene come il nuovo capo dell'esecutivo Hamid Karzai, unico e debole pashtun fra i rappresentanti forti delle altre etnie.

Spero che la formula funzioni, ma non ci credo. Certo, anche a Kabul la vita riprende. L'ho vista riprendere a Phnom Penh dopo la fine dei khmer rossi, l'ho vista riprendere nelle foreste del Laos e del Vietnam defoliate dagli agenti chimici e cancerogeni degli americani. Ma che vita? Una vita nuova, una vita più consapevole, più tollerante, più serena, o la solita vita di ora: aggressiva, rapace, violenta?

Uno dei momenti che non dimenticherò di questi giorni a Kabul è stata la visita allo zoo. « Vale la pena, mi creda », aveva suggerito il « venditore di patate ». Era venerdì, giorno di festa per i musulmani, e qualche decina di persone aveva pagato i 2000 afghani (0,47 euro) del biglietto per entrare a vedere la collezione più patetica e misera di animali che uno possa immaginarsi: un piccolo orso col naso scortecciato e purulento, un vecchio leone orbo che non sta più sulle gambe e a cui è morta di recente la leonessa, un cerbiatto, una civetta, due aquile spennacchiate e tanti conigli e piccioni. Durante le battaglie fra i vari gruppi mujaheddin dell'Alleanza del Nord, prima che arrivassero i talebani, lo zoo è stato per un po' la linea del fronte; ci son cadute sopra bombe e missili e molte gabbie si sono sfasciate permettendo a vari animali di scappare. I lupi non sono stati così fortunati e in una gabbia puzzolentissima, senza acqua, dove un guardiano butta una volta al giorno degli avanzi di carne, ne sono rimasti due vecchi esemplari.

Sono lì da anni: soli, prigionieri, chiusi nello stesso spazio. Si conoscono. Si conoscono bene, eppure strisciano in continuazione, guardinghi, contro le pareti ormai lustre e la rete tutta rabberciata e, incrociandosi, ogni volta ringhiano, si mostrano i denti e si aggrediscono, aizzati da una piccola folla di uomini che forse s'illudono d'essere diversi e non si rendono conto d'essere, anche loro, nella gabbia dell'esistenza solo per morirci.

Tanto varrebbe allora viverci in pace.

LETTERA DA DELHI

Hei Ram

L'INDIA è casa. Ci abito da anni. Ci tengo i miei libri, ci trovo il rifugio che un uomo cerca dal turbinare del mondo; ci sento, come in nessun altro posto, il senso dell'insensato scorrere della vita. Ma ora anche l'India è una delusione. Anche l'India non parla che di guerra, mobilita i suoi soldati e i suoi cannoni, minaccia di usare le sue bombe atomiche contro il Pakistan e, come un primo della classe che ha appena imparato a memoria l'assurda dottrina di George W. Bush – «o con noi, o con i terroristi» – scodinzola felice dietro al carro da guerra americano. Un paese di un miliardo di persone! Il paese che deve la sua indipendenza a Gandhi, il Mahatma, la grande anima: oggi un paese come tutti gli altri. Peccato.

Questa era l'occasione per l'India di tornare alle sue fonti, di ritrovare il linguaggio antico della sua vera forza, la non-violenza; l'occasione di rifarsi alla sua storia recente di non-allineamento e di ricordare al mondo la possibilità di quella «via di mezzo» che esiste sempre. In questo caso: né con loro, né coi terroristi.

Invece anche qui non si sente che la retorica dello «spalla a spalla», la litania della coalizione internazionale contro il terrorismo, ed un gran sproloquiare di rabbia e orgoglio, di coraggio e determinazione, di esser pronti al sacrificio. Il tutto perché gli attuali governanti dell'India sperano di sfruttare la situazione creata dall'attacco americano in Afghanistan per risolvere con la forza il loro problema del Kashmir che da cinquant'anni nessuna forza ha risolto (fra India e Pakistan ci sono già state tre guerre) o, ancor peggio, perché il principale partito della coalizione al potere, il BJP, spera, facendo la voce grossa sulla guerra, senza in verità volerla davvero, di vincere le prossime elezioni in due importanti Stati del paese. Così è il mondo, anche quello indiano, ormai: nessun principio, ma tanti espedienti; nessuna aspirazione spirituale, solo il desiderio di piccoli o grandi vantaggi materiali.

Tutte le lezioni del passato sono dimenticate. Eccone una piccola piccola, ma, come tutte quelle di Gandhi, una su cui riflettere. Nel 1947, India e Pakistan erano formalmente diventati due Stati indipendenti. In verità erano ancora due tronconi sanguinanti dello stesso corpo che la doppiezza del potere coloniale inglese aveva contribuito a dividere. Gandhi si era opposto con tutte le sue forze alla spartizione. Diceva che sia il Pakistan sia l'India erano il suo paese e che si sarebbe rifiutato di usare un passaporto per andare dall'uno all'altro. Il suo idealismo fu sconfitto e il suo digiunare non fermò la disperata, biblica migrazione di popoli e il massacro di almeno un milione di persone. Il realismo dei piccoli e grandi interessi prevalse.

La divisione era stata fatta, vagamente, in base all'aggregazione religiosa – gli indù da una parte, i musulmani dall'altra – e lasciando ai maharajah dei 562 principati di scegliere da che parte stare. Quello del Kashmir era indeciso: lui era indù, ma la maggioranza dei suoi sudditi era musulmana. Così per due mesi restò formalmente indipendente. Il Pakistan ne approfittò per mandare in Kashmir dei «volontari» ad annettere quel prezioso pezzo di terra; gli indiani ne approfittarono per spingere il maharajah a decidere a favore dell'India e mandare in Kashmir il loro esercito. La guerra era già in corso quando si trattò, per completare la spartizione di quel che era stato l'impero inglese in India, di dividere equamente fra India e Pakistan le riserve che restavano nelle casse ancora comuni a Delhi. Nehru, che era il primo ministro indiano, sostenne che il Pakistan avrebbe usato quei soldi per finanziare la guerra in Kashmir e che l'India doveva tenersi tutto. Ma Gandhi non volle saperne. Nessuna ragione poteva, secondo lui, prevalere su un sacrosanto principio di giustizia: il Pakistan aveva diritto alla sua parte e l'India doveva dargliela. Così fu. Che lezione! Una lezione che gli costò la vita. Fu subito dopo quella decisione di dare al Pakistan i 550 milioni di rupie che Gandhi, accusato dai fondamentalisti indù di essere pro-musulmano, venne assassinato il 30 gennaio 1948.

Da allora fra India e Pakistan non c'è mai stata pace ed il Kashmir, nel frattempo distrutto, martoriato e diviso da una cosiddetta «linea di controllo» lungo la quale i due eserciti, ora armati di ordigni nucleari, si fronteggiano, resta un campo di battaglia. Come in tutte le guerre ormai, a morire sono soprattutto i civili.

Ci fosse ancora Gandhi o qualcuno della sua dimensione morale, oggi, saprebbe bene che nella questione del Kashmir nessuno è stato « giusto », che Pakistan e India hanno enormi responsabilità per il presente stato di cose, che tutti e due, nel perseguimento dei loro fini, hanno commesso orribili crimini e che le vere vittime di tutta questa storia sono stati – e sono tuttora – i kashmiri a cui nessuno, in più di mezzo secolo, ha semplicemente chiesto: « E voi cosa volete? » Secondo me, vorrebbero innanzitutto stare in pace e godersi quella valle che resta uno dei più bei posti al mondo.

E un giorno lo faranno perché, a meno che l'umanità si suicidi, il grande continente indiano – con una popolazione pari a quella della Cina – dovrà tornare ad essere quello che era già nel 1947: una unità di diversità. Indiani, pakistani e bangladeshi hanno le stesse radici, la stessa cultura, la stessa storia, compresa la storia recente delle guerre che han combattuto fra di loro; esattamente come i francesi e i tedeschi, gli italiani e gli austriaci. Se il continente europeo è riuscito a diventare una comunità, lo potrà diventare benissimo anche il continente indiano.

Perché allora, invece che preparare nuovi massacri, non mettersi subito, ora, a lavorare per una maggiore integrazione, per un continente senza guerre, senza frontiere, magari con una moneta unica e, se questo è troppo, almeno con un grande, comune impegno a dare l'acqua potabile a tutti, visto che dal Pakistan all'India, al Bangladesh solo un quarto della popolazione ce l'ha?

Ma l'acqua da bere non sembra una causa degna d'impegno. La guerra lo è molto di più. E se questa maledetta guerra fra India e Pakistan – magari anche per sbaglio – dovesse scoppiare davvero e diventasse nucleare – uno sbaglio tira l'altro –, il numero dei morti sarebbe immenso.

L'attuale situazione fra India e Pakistan è la prova lampante di quanto sia assurda, ingiusta e pericolosa la dottrina americana enunciata a sostegno della coalizione internazionale contro il terrorismo. Tutte le ragioni addotte dagli Stati Uniti per andare a bombardare l'Afghanistan e rovesciare i talebani darebbero ora all'India il diritto di bombardare a tappeto il Pakistan e rovesciare il regime del generale Musharraf: gli indiani sono stati da anni vittime di orrendi attacchi terroristici – l'ultimo al Parlamento il 13 dicembre scorso –; non ci sono dubbi che le organizzazioni terroristiche che colpiscono l'India hanno sede in Pakistan, ed è altrettanto provato che il governo pakistano ha dato asilo a quei terroristi. Guerra, allora? Guerra giusta da parte dell'India? Nessuna guerra è giusta. Comunque resta un problema: chi sono i terroristi? Molti degli uomini che l'India definisce tali, per altri sono combattenti per la libertà. C'è poi un altro problema: al contrario dei talebani, che non avevano alcun modo di difendersi contro la strapotenza americana, i pakistani hanno forze armate moderne, dispongono di ordigni nucleari e la guerra contro di loro avrebbe conseguenze imprevedibili.

Per questo gli americani si danno in questi giorni un gran daffare per cercare di calmare gli animi dei due contendenti e in fondo per spiegare che solo loro, gli americani, possono perseguire i loro terroristi, che solo loro possono andare a stanarli nei paesi che a loro fa comodo e che solo loro, gli americani, possono andare a rovesciare i governi che a loro non piacciono. Ci si può forse immaginare un paese che chieda agli Stati Uniti di consegnare alla giustizia un qualche loro cittadino responsabile di atti terroristici a Cuba, Haiti, in Cile? O che Washington consegni uno di quei loschi figuri che, per conto degli Stati Uniti, sono stati responsabili di prolungate campagne terroristiche, ad esempio in America Latina, e che ora godono della protezione americana?

Quella che gli Stati Uniti perseguono è la *loro* giustizia, non la giustizia. Gli Stati Uniti non hanno alcun vero interesse a risolvere il problema del Kashmir, così come non ne hanno a risolvere il problema dell'Afghanistan. Sono entrati di forza in questa regione per esercitare una loro vendetta e per perseguire i loro interessi nazionali. Ora che ci sono, ci resteranno. L'attacco all'Afghanistan ha mutato l'assetto del mondo e ha dato agli Stati Uniti, per la prima volta nella storia, libero accesso all'Asia centrale ed all'Asia del Sud. A questo accesso non rinunceranno: gli accordi fatti con le repubbliche ex sovietiche verranno prolungati oltre l'emergenza anti-terroristica e la base militare che gli Stati Uniti stanno costruendo a Jacobabad in Pakistan sarà permanente, anche perché serve a tener d'occhio – e in caso estremo ad azzerare – l'arsenale nucleare pakistano, percepito, si sa, come « la bomba atomica islamica ».

Mettendosi, senza condizioni e senza ripensamenti, al seguito della potenza americana – magari con la speranza di sfruttarla ai loro fini –, gli indiani non hanno fatto altro che aumentare il peso degli Stati Uniti nella regione e rinunciare definitivamente alla loro posizione di distanza e di diversità dai blocchi altrui. Non era necessario.

L'India è un paese povero, ma ha ancora – e forse è l'ultimo al mondo – una sua forte e profonda cultura di stampo spirituale, capace di resistere all'ondata materialistica della globalizzazione che appiattisce ogni identità e ingenera ovunque un soffocante conformismo. Questo era il momento in cui l'India avrebbe potuto fare l'elogio della diversità, in cui avrebbe potuto ricordare che, ancor più di una coalizione contro il terrorismo, il mondo ha bisogno di una coalizione contro la povertà, una coalizione contro lo sfruttamento, contro l'intolleranza.

L'India, « la più grande democrazia del mondo », avrebbe potuto rammentare alle democrazie dell'Occidente che non è limitando le libertà dei propri cittadini, proteggendo le nostre società col filo spinato, dando sempre più potere agli organi repressivi e con ciò aumentando il senso di esclusione da parte dei diversi, che risolveremo i nostri problemi.

Questo era il momento in cui l'India avrebbe potuto dichiararsi contro la violenza, ogni tipo di violenza, anche quella del «nuovo ordine mondiale» che, coi suoi princìpi e criteri pretesamente «globali», ma in verità dei paesi «forti» ex colonialisti, impone all'India stessa e a tanti altri paesi ex coloniali, economicamente sottosviluppati e con ciò «deboli», politiche che aumentano solo la ricchezza dei ricchi, la povertà dei poveri e rendono gli uni e gli altri sempre più infelici.

L'India resta comunque, nonostante i suoi politici, un paese a sé, un paese il cui corpo sociale non è mosso esclusivamente da aspirazioni terrene. Solo in India ancora oggi milioni e milioni di uomini e donne, dopo una normale esistenza di padri o madri, impiegati o professionisti, rinunciano a tutto ciò che è di questa vita – i possedimenti, gli affetti, i desideri, il nome – per diventare sanyasin, rinunciatari, e vestiti di arancione, all'età in cui noi andiamo in pensione, si mettono in pellegrinaggio e, di tempio in tempio, di ashram in ashram, vanno per il paese vivendo di elemosina. Finché questo succederà e la popolazione continuerà a nutrire i sanyasin e ad aver rispetto di loro, l'India rappresenterà un'alternativa esistenziale e filosofica al materialismo che oggi domina il resto del mondo. Per questo l'India resta, nel fondo, un fronte di resistenza contro la globalizzazione e in difesa della diversità.

Col suo solo esserci l'India rammenta a noi occidentali che non tutto il mondo desidera quel che noi desideriamo, che non tutto il mondo vuole essere come noi siamo. Ripenso all'Afghanistan e mi rendo conto quanto questo valga per quel disgraziato paese. La « comunità internazionale », che ora arriva lì coi suoi soldi, i suoi soldati, i suoi consigli e i suoi esperti, non sarà affatto la soluzione per l'Afghanistan, ma un nuovo problema, se il futuro del paese sarà solo una proiezione delle fantasie e degli interessi occidentali invece che delle aspirazioni degli afghani, di tutti gli afghani.

Ho lasciato Kabul due settimane fa per venire a fare le feste in famiglia a Delhi, ma la mia testa è come fosse rimasta sempre là. Ho negli occhi la stupenda vista dalle mie due finestre impolverate, ho nelle orecchie il costante ronzio del bazar, i richiami alla preghiera dei muezzin e le grida dei ragazzini che cercano clienti per i taxi in partenza per le strade sempre più pericolose della provincia. Sfoglio i blocchetti pieni di note, di storie sentite, di riflessioni fatte lì per lì e, nella distanza, mi appare sempre più chiaro che tutto quel che sta succedendo e succederà d'ora innanzi in Afghanistan ha nel fondo a che fare con la diversità: con il diritto ad essere diversi. Un secolo fa, per gli afghani, come per altri popoli del mondo, la diversità stava nel rendersi indipendenti all'oppressione coloniale; oggi è nel restare fuori da un sistema più sofisticato, ma ugualmente opprimente, che cerca di fare di tutto il mondo un mercato, di tutti gli uomini dei consumatori a cui vendere prima gli stessi desideri e poi gli stessi prodotti.

Dietro ogni progetto di ricostruzione, ogni piano di risanamento che gli aiuti internazionali finanzieranno in Afghanistan c'è una domanda che nessuno sembra avere il coraggio di porre chiaramente: che tipo di paese si vuole ricostruire? Uno come il nostro o come il loro? Il grande pericolo per gli afghani oggi è che, nell'euforia della ritrovata libertà di sognare, finiscano solo per sognare come noi occidentali vogliamo che sognino e finiscano per guardare alla loro storia con gli occhi di quelli che ora gliela stanno riscrivendo. Basta considerare la versione corrente di quel che è successo recentemente in Afghanistan per rendersi conto di quanto questa sia già cosparsa di distorsioni e di bugie: alcune piantate ad arte dalla propaganda di guerra americana, altre spontanee e dovute al fatto che chiamiamo realtà quel che percepiamo attraverso i nostri sensi, i nostri pregiudizi e le nostre idee fisse.

Un esempio tipico è stata l'immagine che gli organi d'informazione occidentali hanno dato in generale dei talebani: erano orribili (una versione islamica dei khmer rossi di Pol Pot); hanno commesso terribili crimini contro l'umanità, specie contro le donne; non avevano alcun appoggio popolare; erano praticamente una forza di occupazione straniera, tenuta al potere dai pakistani; l'arrivo dei soldati dell'Alleanza del Nord a Kabul è stata una vera liberazione. Ricordo il titolo di un grande quotidiano italiano che il 15 novembre diceva: « Kabul: tacchi alti e rossetto »; altri raccontavano di donne che gettavano via il burqa; in alcuni casi lo bruciavano.

Questo è ovviamente un quadro che serve a giustificare la condotta della guerra americana in Afghanistan, il proseguire dei bombardamenti che continuano a fare vittime civili e la caccia al mullah Omar, ai suoi ministri ed ai suoi ambasciatori di cui, correndo loro dietro, si è dimenticato di spiegare quali «crimini» abbiano commesso. Ma è un quadro esatto? Probabilmente no.

Il regime dei talebani era certo arbitrario e repressivo, ma gli studenti coranici non erano assassini patologici. Nel corso della guerra civile, i talebani sono stati vittime ed autori di alcuni massacri (nel 1998, ad esempio, 3000 talebani furono fatti prigionieri e sterminati a Mazar-i-Sharif; un anno dopo, nello stesso posto, per rappresaglia, i talebani fecero lo stesso con 2000 hazara); ma, al contrario della Cambogia di Pol Pot, nell'Afghanistan del mullah Omar non ci sono stati *killing fields*, non ci sono stati piani di sterminio di una parte o di un'altra della popolazione, non c'è stato nessun tentativo di creare un «uomo nuovo», eliminando i vecchi. I talebani si vedevano come i protettori della gente, come i moralizzatori della vita afghana, secondo loro, inquinata dalle più varie influenze straniere. Non va dimenticato che il primo atto pubblico dei talebani fu, nel 1994, l'esecuzione a Kandahar di un comandante mujaheddin colpevole d'aver rapito e stuprato due giovani donne e poi l'impiccagione di un altro comandante, reo d'aver «sposato» un ragazzino di cui s'era invaghito e d'averlo portato a giro tutto inghirlandato su un carro armato come fosse stato un carro nuziale.

Certe proibizioni talebane, tipo quella degli aquiloni

perché i bambini, giocandoci, sottraevano tempo alla memorizzazione del Corano, o certe regole come quella sul mantenimento di una lunghezza «islamica» della barba, erano palesemente assurde. Altre meno. I talebani, ad esempio, mandavano in galera per una settimana chi veniva sorpreso a guardare la TV o ad ascoltare della musica, e in questo c'era una logica: l'Afghanistan non produceva nessuna cassetta, nessun programma televisivo (l'Afghanistan non produce ormai neppure i fiammiferi!), per cui tutto quello che la gente poteva vedere o sentire era di importazione – di solito indiana – e ciò era considerato non «islamico», era visto come fonte di corruzione. Il loro ragionamento nel fondo non era troppo diverso da quello di chi in Occidente non vuole che i figli guardino la televisione e tutti gli assurdi programmi di violenza e di sesso che propone.

Una mattina sono andato alla vecchia sede di TV Kabul che aveva appena ripreso le trasmissioni. È stata una scoperta: la sede era in ottime condizioni. I talebani non l'avevano toccata, anzi avevano continuato a pagare gli stipendi ai tecnici perché mantenessero in funzione le apparecchiature. Era come se avessero sperato un giorno di farla ripartire con programmi loro. L'hanno fatta rifunzionare quelli dell'Alleanza del Nord, ma la gente preferisce captare i programmi della BBC, del Pakistan e dell'India.

Una delle imprese più ingegnose che ho visto nascere e fiorire sotto i miei occhi è stata la produzione di artigianalissime antenne paraboliche fatte con le lattine

della Coca-Cola. Improvvisamente ce n'erano dappertutto, mentre decine di vecchi negozi di elettricità e
lampadine si trasformavano in rivendite di televisori e
videoregistratori contrabbandati dal Pakistan e dall'I-
ran. Gli effetti sono stati immediati e un giorno, andando a mangiare da Khalid, un vecchio cinema riadattato
ad osteria, ho dovuto accettare, con disappunto, che la
nuova riconquistata libertà aveva messo a tacere gli usi-
gnoli che prima cinguettavano nelle gabbie sistemate
fra i tavoli: dei barbutissimi avventori stavano davanti
ad un televisore a tutto volume, inebetiti, a guardare
la videocassetta di una giunonica donna che faceva la
danza del ventre.

Da questo punto di vista la fine dei talebani è stata,
per Kabul, una piccola gioia. Accanto alle vecchie car-
toline di Kabul, le bancarelle vendono ora anche nuo-
vissime figurine di attrici indiane e copie di cassette.
Il padrone di una fabbrichetta di tappeti nel quartiere
di Kote Parwal, dove ero capitato per caso cercando
qualcos'altro, mi ha mostrato orgoglioso le nuove ac-
quisizioni con cui rendeva più piacevole la vita dei suoi
operai: due poster di stelle del cinema e un registratore
che mandava in continuazione una qualche musichetta.
Gli «operai», in una stanza piccola e fredda, erano
quindici bambini – il più piccolo aveva 7 anni, il più
grande 16 –; lavoravano lì otto ore al giorno, ventiquat-
tro giorni al mese per un salario di 3000 afghani (0,71
euro) al giorno: meno di quanto serve per comprare un
chapati, una pagnotta che a Kabul costa 4000 afghani. Il

padrone non dava a quei ragazzini niente da mangiare, né ogni tanto qualcosa di caldo da bere.

«Ma quelli sono fortunati. Sopravvivono», mi ha risposto il funzionario di un'organizzazione umanitaria a cui la sera ho raccontato la storia. «Qui da anni i bambini muoiono come le mosche. Al tempo in cui a Bamiyan venivano distrutti i Buddha, decine e decine di bambini in quella stessa valle morivano di fame a causa della siccità e a causa dell'embargo, eppure la comunità internazionale piangeva solo sul destino delle statue», ha detto. La distruzione dei Buddha è certo stato uno degli atti più provocatori dei talebani ed ha contribuito moltissimo a rafforzare nel mondo l'immagine del loro regime come «folle» e «criminale».

Fra i tanti altri crimini attribuiti ai talebani ci sono le amputazioni di mani e piedi a persone accusate di furto, e alcune esecuzioni pubbliche, tra cui la fucilazione di alcune donne. Certo che quelle non sono state scene edificanti, ma sono da vedere nel contesto di una società che, durante la guerra civile, aveva perso ogni sembianza di ordine e che, grazie alla dura reimposizione della sharya, la legge coranica, era tornata a sentirsi al sicuro. A detta di tanti abitanti di Kabul con cui ho parlato, al tempo dei talebani nessuno doveva più temere d'essere derubato; le donne potevano viaggiare da un angolo all'altro del paese senza tema di esser molestate; le strade del paese erano sicure.

Le esecuzioni pubbliche sono qualcosa che ripugna alla coscienza occidentale. Ma sono più civili le esecuzioni che avvengono per iniezione all'interno dei penitenziari americani? Almeno, secondo la sharya, se la famiglia della vittima perdona il condannato, quello può essere, anche all'ultimo momento, liberato; al contrario di quanto succede ai condannati in Texas, dove George W. Bush ha convalidato ogni singola sentenza di morte passata dalla sua scrivania di governatore.

La sharya è sempre stata la legge dell'Afghanistan e persino le costituzioni promulgate nei vari tentativi di secolarizzare il paese ne hanno dovuto riconoscere la validità, specie nell'ambito del diritto di famiglia e di proprietà. Sorprenderà molti in Occidente sapere che i giudici designati dal nuovo governo afghano hanno già detto che i princìpi della sharya dovranno restare alla base del futuro sistema giuridico del paese.

Al momento la legge è ancora quella del fucile. Kabul è piena di uomini armati e la sera, prima dell'entrata in vigore del coprifuoco, la gente è sempre inquieta dinanzi all'ombra di un uomo con un Kalashnikov: ladro o poliziotto? Appena fuori della capitale, le condizioni di sicurezza sono incerte anche di giorno. Il paese è in mano a vari signori della guerra, ognuno dei quali estorce, con le sue bande di armati, pedaggi lungo le strade. All'incertezza prodotta da questa rinata forma di banditismo, a cui i talebani avevano messo fine ritirando con la forza gran parte delle armi in mano ai privati, si aggiunge ora il rischio delle bombe americane che possono in ogni momento cadere in qualsiasi angolo del paese.

All'inizio della guerra, gli americani hanno distribuito con grande generosità dei telefoni satellitari ai vari capi tribali e comandanti afghani che promettevano di rivoltarsi contro i talebani e di fornire informazioni utili a dirigere gli attacchi aerei contro gli uomini di Osama bin Laden e del mullah Omar. È successo però – e succede ancora – che alcuni di questi capi tribali mandino i bombardieri USA a colpire i loro avversari politici o i villaggi dei loro concorrenti, con la scusa che nascondono dei talebani, facendo aumentare il numero dei civili uccisi «per sbaglio». Un comandante col senso degli affari ha usato il suo satellitare per farsi paracadutare dagli americani, due volte di seguito, grandi quantità di cibo sostenendo d'essere responsabile d'un gran gruppo di persone che stavano morendo di fame. Non era vero.

A parte la sharya, un'altra questione che ha molto contribuito all'immagine negativa dei talebani è stata quella del burqa. L'imposizione talebana di questo, ai nostri occhi, davvero orribile indumento che copre le donne dalla testa ai piedi ha acceso a tal punto la fantasia del mondo occidentale che, a un certo momento, sembrava che la liberazione delle donne da quel sacco spettrale fosse uno dei fini della guerra americana in Afghanistan, una sorta di «vantaggio collaterale» dei bombardamenti. L'impressione del mondo è stata: finiti i talebani, finito il burqa. Ma non è andata affatto così.

La folla del bazar che ogni giorno vedevo dalle mie due splendide finestre su Kabul era sempre quella di due colori: il grigio-ocra-marrone dei mantelli degli uo-

mini e il grigio-azzurro-carta-da-zucchero delle centinaia e centinaia di burqa che tutte, davvero tutte, le donne continuavano a portare. Nei venti giorni che son rimasto a Kabul non ho visto per strada una sola donna a
viso scoperto.

Questo è un punto su cui non mi stancherò mai di in-
sistere: a noi può parere assurdo che gli altri non voglia-
no vivere, mangiare, vestirsi come noi; a noi occidentali
può parere assurda una società che preferisce la poliga-
mia e impone l'assoluta fedeltà, invece della nostra
temporanea monogamia e della nostra costante promi-
scuità sessuale. A noi pare naturale che una donna voglia essere come un uomo, fare il soldato, l'avvocato, il
pilota di aerei, che voglia essere indipendente economicamente, invece di dedicarsi ad allevare figli, educarli e
regnare su una casa.

A noi piace vedere il mondo come lo conosciamo e
quindi siamo solo capaci di immaginarci la liberazione
di Kabul come una liberazione dal burqa: se le donne
non lo buttano via, le incitiamo o le paghiamo perché
lo facciano, come pare abbia fatto una troupe televisiva.

Quel che dimentichiamo è che il burqa appartiene a
un mondo diverso dal nostro, a una diversa cultura; dimentichiamo che, come la sharya, ha una sua tradizione
ed è solo un aspetto, quello più esteriore – appunto del
vestiario –, di un principio molto più generale, il principio del purdah, la tenda, che nelle società islamiche
separa le donne dagli uomini: le separa nelle loro stanze, nel mangiare, nella loro educazione. Le separa, ma

così facendo, dal loro punto di vista, le protegge anche. Perché il burqa è anche questo: una protezione, un simbolo dell'inavvicinabilità femminile in un paese dove è ancora d'uso che il medico, nei villaggi, non tocchi una paziente donna e che solo un fratello o il marito le può riferire i suoi mali. Così come succedeva in Cina, dove nacquero le belle figurine in avorio di donne nude, appunto per indicare su quelle i punti dolenti del corpo.

In Afghanistan, una bambina non gioca a fare la grande andando a giro per la casa con le scarpe della mamma, ma indossando il suo burqa e sognando il giorno in cui, donna, avrà diritto al proprio. Cosa penseremmo noi se un giorno la nostra società fosse conquistata dai naturisti e noi tutti dovessimo celebrare la nostra « liberazione » andando improvvisamente a giro nudi bruchi? Lo so che non tutte le donne dell'Afghanistan, specie quelle che han studiato e quelle che han viaggiato all'estero, la pensano così, ma lo sanno i nemici del burqa che per le donne dei villaggi più poveri il burqa è anche un simbolo di benessere?

Ogni società tradizionale – dall'India alla Cina, al Giappone, alla Turchia, all'Iran – ha avuto questo problema dell'abito quando, sfidata dall'Occidente, ha dovuto affrontare il dramma della propria modernizzazione. Le risposte sono state diverse di caso in caso, ma in tutti i casi la questione del vestito è stata – molto più che una questione di moda o di « liberazione » – una sorta di test fra le forze di un passato ritenuto superato e quelle di un futuro ritenuto inevitabile. Perché questo è il nocciolo di tutto quel che è successo in Afghanistan da un secolo a questa parte e di quel che sta succedendo: una lotta fra tradizione e modernità, la prima vista come fedeltà al passato fondamentalista islamico, la seconda come adesione al secolarismo di stampo occidentale.

Non è un caso che tutte le rivoluzioni afghane degli ultimi centocinquant'anni, compresa quella comunista, e tutte le controrivoluzioni, compresa quella talebana, abbiano avuto a che fare con il burqa. La rivolta che nel 1929 rovesciò Amanullah, il re afghano ancor oggi più benevolmente ricordato, cominciò contro la decisione di togliere il velo alle donne.

La storia di re Amanullah è interessante perché non è difficile vederci certi parallelismi con quel che sta succedendo oggi. Salito al potere nel 1919, dopo l'assassinio di suo padre, Amanullah divenne un eroe nazionale per aver sfidato e sconfitto gli inglesi che ancora pretendevano di esercitare una sorta di protettorato sull'Afghanistan.

Usando questo suo prestigio, Amanullah lanciò il più vasto programma di modernizzazione – cioè di occidentalizzazione – che il paese avesse mai conosciuto. Varò la prima costituzione, fondò la prima università, ristrutturò il sistema legale, aprì le scuole alle donne, mandò tanti giovani afghani all'estero a studiare e invitò vari esperti stranieri perché aiutassero l'Afghanistan a riformare l'esercito e l'amministrazione statale. Poi, per celebrare l'ingresso dell'Afghanistan nel consesso delle nazioni sovrane del mondo, a Darulaman, Amanullah cominciò a costruire una nuova città con, al centro, un grandissimo edificio destinato ad essere il Parlamento e una serie di bei palazzi in stile europeo, allineati lungo un vialone fiancheggiato d'alberi che, come una sorta di Champs-Elysées, legava questa stravagante nuova Kabul alla vecchia.

In un paese dove l'Islam proibiva ogni rappresentazione della vita e dove le immagini di persone ed animali erano assolutamente da evitare, re Amanullah fece costruire fontane con cavalli e gruppi marmorei alla Bernini. Fra i vari monumenti di pura ispirazione occidentale, in un paese dove il modello architettonico era sempre stato quello della tradizione islamico-persiana, Amanullah costruì un Arco di Trionfo, un monumento al Milite Ignoto ed una Colonna della Conoscenza e dell'Ignoranza nella quale riassunse tutta la sua visione del mondo: la conoscenza era la modernità, secolare e scientifica, importata dall'estero; l'ignoranza era il tradizionalismo locale, fondato sulla religione.

Gli europei erano entusiasti di questo re afghano simile a loro e Amanullah, accompagnato dalla regina Soraya, nel corso di un viaggio per lui trionfale, fu ricevuto con tutti gli onori nelle varie capitali e nelle varie corti europee, dove raccolse consensi e promesse di aiuti da tutti. Un po' come succede oggi con Hamid Karzai, capo del nuovo governo *ad interim* installatosi a Kabul.

La modernità di Amanullah però non era altrettanto

ben vista ed accettata nel suo paese. La progressiva secolarizzazione dello Stato e l'esautorazione dei capi tribali, che il re costrinse a presentarsi ad una Loya Jirga, la grande assemblea nazionale, con le barbe tagliate, in giacca e pantaloni, e con la bombetta invece dei loro scialli e turbanti, trasformarono la resistenza passiva dei tradizionalisti in una rivolta popolare. Le foto europee della regina Soraya, con le spalle completamente scoperte, furono la goccia che fece traboccare il vaso. I capi religiosi sostennero che tutto il programma di riforme del re era anti-islamico, che il re stesso e la regina – lei una volta si era platealmente tolto il burqa e l'aveva calpestato – si erano convertiti al cristianesimo, erano cioè diventati kaffir, infedeli. Non servirono la repressione e l'impiccagione di una cinquantina di capi rivoltosi. Amanullah dovette fuggire precipitosamente da Kabul a bordo della sua Rolls-Royce e finire poco tempo dopo in Italia, dove il re Vittorio Emanuele, che l'aveva fatto suo «cugino» insignendolo del Collare dell'Annunziata, gli dette asilo. Amanullah morì a Roma nel 1960.

Il trono di Amanullah passò a un semplice contadino incapace di leggere e scrivere, «il figlio del portatore d'acqua». Dopo nove mesi, anche lui venne rovesciato e impiccato dall'ex capo militare di Amanullah, Nadir Shah, che promise di rimettere sul trono il re, ma alla fine preferì insediarcisi lui stesso. Ma la politica in Afghanistan è un mestiere pericoloso: dopo quattro anni al potere, anche Nadir Shah venne assassinato – tipicamente per vendetta dal figlio di un uomo che lui aveva fatto assassinare – e sul trono nel 1933 andò suo figlio Zahir Shah, il re ora da trent'anni, anche lui, in esilio a Roma e su cui sono puntate le speranze di riconciliazione nazionale: nei prossimi mesi, se gli accordi di Bonn verranno applicati fino in fondo, quest'uomo quasi novantenne dovrà presiedere una nuova Loya Jirga.

Una scena a cui ho assistito una mattina a Kabul descrive bene la disperante situazione a cui la lotta violenta fra modernizzatori e tradizionalisti, sullo sfondo delle guerre contro gli invasori stranieri, ha portato l'Afghanistan di oggi. Guidato da un vecchio libro con foto di mezzo secolo fa, ero andato a vedere che cosa restava di Darulaman, la città costruita da re Amanullah. È spaventoso: solo degli scheletri di facciate, delle isolate false colonne doriche in un deserto di polvere e macerie. Gran parte della distruzione è avvenuta fra il 1992 e il 1996, quando i vari gruppi di mujaheddin si sono battuti qui. Le ultime distruzioni sono avvenute coi recenti bombardamenti americani. Ero in bicicletta e un ragazzino, per portarmi a vedere un edificio in cui diceva che un missile aveva ucciso 120 arabi, mi ha fatto andare cautamente, a zigzag, fra pietre dipinte di bianco e nastri di plastica che indicavano campi minati. E lì, in quella distesa di terra ancora infida, battuta dal vento e dal sole, in mezzo alle macerie, lungo il grande viale un tempo alberato, un gruppo di contadini, serenamente, stava zappando e facendo solchi dietro un cavallo legato ad un aratro che rovesciava le zolle. Sugli Champs-Elysées di Kabul si seminava! Dalla terra ricominciava la vita.

Una vita – è bene saperlo – che sarà dominata da quell'irrisolto conflitto di sempre fra modernità e tradizione o, come lo interpretava re Amanullah, fra « conoscenza » e « ignoranza ». Purtroppo questa è anche l'interpretazione della cosiddetta comunità internazionale, che si vede come la conoscenza venuta in Afghanistan a cacciare l'ignoranza, che crede di essere la civiltà venuta a debellare la barbarie. Non è così, e finché non capiremo che quella in corso in Afghanistan, ma anche in altre parti del mondo – soprattutto in quello islamico –, è anche una lotta per la diversità, questa lotta non finirà mai.

I talebani erano ottusi e repressivi, i talebani erano arrivati al potere con l'aiuto economico e militare dei pakistani, ma i talebani erano un fenomeno afghano, erano il risultato di vent'anni di guerra, il frutto di una vecchia storia con radici contadine. I talebani non erano soldati di ventura al soldo di Islamabad o di Osama bin Laden; erano monaci combattenti, puritani e fanatici, votati alla missione di « salvare » l'Afghanistan imponendogli una versione semplicistica, primitiva e particolarmente restrittiva dell'Islam. In questo non erano nuovi; erano la reincarnazione di quella vecchia forza tradizionalista, anti-urbana, anti-occidentale, con base religiosa, contro cui si era battuto re Amanullah e con cui han dovuto fare i conti tutti i governanti afghani, dopo e prima di lui. Questa forza è rappresentata dai mullah – i maestri, i capi religiosi –, che nelle moschee intonano la preghiera e dietro i quali tutta la congregazione, rivolta verso la Mecca, si inginocchia.

I mullah, vestiti di nero su bianco, come le parole del Profeta scritte in nero sulla carta bianca del Corano, sono sempre stati un importante centro di potere in Afghanistan. I mullah, al tempo stesso sacerdoti e guaritori, giudici e maestri e spesso anche proprietari terrieri, hanno sempre avuto un ruolo determinante nella vita del paese, specie nelle campagne.

Fu il mullah Mashk-i-Alam, « Profumo del mondo », a dichiarare la jihad contro gli inglesi nell'Ottocento. Fu il mullah Lang, « lo Zoppo », a guidare la rivolta contro il re Amanullah e a finire fra gli impiccati.

Alla fine dell'Ottocento, l'emiro Abdur Rahman dovette andare a convertire con la forza gli abitanti del Kafiristan, l'ultima regione dell'Afghanistan non ancora musulmana, per ottenere dai mullah la loro approvazione per aprire le prime scuole, i primi ospedali e le prime fabbriche: fabbriche di armi! Non li convinse tutti e il mullah Mastun, « il Pazzo », gli dette filo da torcere.

La legittimità che in Occidente veniva ai governanti del passato da dio e a quelli di ora dal popolo, in Afghanistan è sempre venuta dai mullah. Questo perché il paese, nonostante sia diviso in varie etnie che si odiano, si combattono e si scannano a vicenda, ha un comune denominatore a cui tutti pare abbiano bisogno di ricorrere: la religione, l'Islam.

Le mie finestre su Kabul erano un ottimo osservatorio per farsi un'idea dell'importanza di questo denominatore comune. Dovunque guardassi, qualcosa mi ricordava l'Islam: nel panorama, un minareto, una moschea, la cupola di un santuario; fra gli uomini, lo snocciolare costante dei rosari e il loro continuo fermarsi a pregare. Sulla piazza davanti al mio edificio, dove un tempo c'era stata una fontana, era rimasta una striscia di cemento su cui ad ogni ora del giorno c'era qualcuno, un poliziotto, un ragazzo, il venditore di zibibbi o un soldato, a fare quella routine di gesti e genuflessioni che sono fra l'altro anche un ottimo esercizio di concentrazione e di ginnastica.

Nella cappella di un santo poco lontano da dove stavo, una fila ininterrotta di giovani e vecchi entrava a baciare la coperta verde buttata sulla tomba e a prendere a due mani il Corano avvolto in un fazzoletto di tessuto argentato per strusciarselo sulla faccia, affondarci il naso, come per respirarne la grazia, prima di buttare dei soldi nella cassetta delle offerte.

Personalmente, ogni volta che mi trovo in un paese islamico provo qualcosa di inquietante. Sono attratto dalla incredibile, per noi insolita, per me anche troppo fisica, solidarietà maschile, e sono respinto dalla durezza, l'austerità, la mancanza in fondo di gioia e di piacere che domina le disadorne moschee, dove sembra che niente, proprio niente, debba distrarre l'uomo dal rapporto con quel suo invisibile, irraggiungibile dio: un dio che non sta su nessun altare, a cui non si può chiedere nulla, a cui non si confida nulla, con cui non si dialoga, davanti al quale non si piange, ma che sembra avere la sua mano su tutto. Una religione inquietante, ma è la loro. La religione di un miliardo di persone.

La legittimità del potere talebano veniva da lì, da quella religione e dai suoi rappresentanti, i mullah. E non è certo un caso che agli occhi delle masse afghane l'investitura del mullah Omar come capo spirituale, oltre che militare e politico dei talebani, avvenne quando il giovane mujaheddin letteralmente indossò a Kandahar, nel 1994, la kherqa, il mantello sacro che si dice sia appartenuto a Maometto.

Nel 1768 l'emiro di Bokhara aveva regalato la kherqa ad Ahmed Shah, il fondatore dell'Afghanistan moderno, quello che per la prima volta era riuscito a mettere assieme i vari clan e a dare al paese la parvenza di uno Stato. Mentre veniva portato a Kandahar, dove oggi è conservato in una moschea costruita apposta, il mantello rimase per qualche giorno a Kabul. La pietra su cui venne appoggiato è oggi venerata in un santuario, Ziarat-i-Sakhi, che con le sue due piccole cupole azzurre contro il cielo domina una delle colline che circondano Kabul. Secondo la leggenda lo spirito di Ali, cugino e genero di Maometto, venne in quei giorni a rendere omaggio alla reliquia e l'impronta del piede che oggi si vede nella pietra è il segno del suo passaggio.

Forse perché uno dei più grandi cimiteri della città si stende ai piedi del santuario, con migliaia e migliaia di semplicissime pietre senza nome che proiettano le loro brevi ombre sulla terra, forse perché la mattina in cui ci sono andato c'era poca gente e dei bambini giocavano con stormi di piccioni nel cortile, ricordo Ziarat-i-Sakhi come il posto di maggior pace e intensità a Kabul.

E Al Qaeda? Cosa sapeva la gente di Kabul di questa organizzazione? Cosa sapeva di Osama? Poco. Secondo varie persone con cui ho parlato, il nome Al Qaeda era praticamente sconosciuto e solo dopo l'11 settembre l'organizzazione di Bin Laden, menzionata in tutte le trasmissioni delle radio straniere nelle lingue locali, è diventata parte del gergo di tutti. E gli arabi? «I talebani dicevano che erano mujaheddin stranieri venuti ad aiutarci nella jihad e per questo nostri ospiti», dice ora la gente. Di arabi ce n'erano in varie parti di Kabul, ma stavano per conto loro, non si mischiavano alla popolazione afghana; facevano vita a sé. Non erano amati e, come tutti gli stranieri in genere, erano visti con sospetto.

Resta il fatto però che quella parola «ospiti» ha per i pashtun un significato diverso che per noi. Già i viaggiatori dell'Ottocento e quelli del secolo scorso facevano notare che la melmastia, il dovere d'ospitalità, secondo il pashtunwali, il codice d'onore dei pashtun, era tale che uno arrivava a mettere a rischio la propria vita per proteggere un ospite. Non è per questo da escludere, nonostante a noi occidentali paia assurdo, che il mullah Omar, sia come pashtun, sia come «difensore della fede», abbia sentito come sacrosanto il duplice obbligo tribale-religioso di dare asilo e protezione al suo «ospite» Osama bin Laden e ai mujaheddin stranieri.

Vale la pena di ricordare bene la loro storia. Quando i sovietici nel 1979 invasero l'Afghanistan, gli Stati Uniti videro una perfetta occasione per «intrappolare l'orso», indebolire l'Unione Sovietica e vendicare i

50.000 soldati che gli Stati Uniti avevano perso nella guerra in Vietnam. Mosca aveva aiutato i vietcong e i nordvietnamiti ad umiliare gli Stati Uniti; Washington avrebbe aiutato gli afghani ad umiliare e sconfiggere i sovietici. Si trattava di trovare qualcuno che, al fianco degli afghani, combattesse quella guerra per loro. Fu così che gli americani scoprirono il fondamentalismo islamico, non come nemico, ma come alleato. Spinti da una campagna di propaganda a favore della jihad che gli americani stimolarono, migliaia di giovani da tutto il mondo musulmano si offrirono per andare a combattere «l'Impero del Male», per loro appositamente descritto soprattutto come «anti-islamico». In quella che chiamarono Operazione Ciclone gli Stati Uniti finanziarono, addestrarono, armarono e portarono in Afghanistan 35.000 «mujaheddin stranieri».

La guerra durò dieci anni. Nel 1989, dopo aver perso 15.000 soldati, i sovietici si ritirarono e gli americani, avendo ottenuto il loro scopo, persero ogni interesse per l'Afghanistan. Chiusero la loro ambasciata a Kabul e lasciarono che i loro mujaheddin stranieri, sopravvissuti alla jihad, se la cavassero da soli. Migliaia di egiziani, sauditi, yemeniti, algerini, ceceni, uighur cinesi ed altri si ritrovarono così abbandonati a sé stessi.

A casa non potevano tornare perché, agli occhi dei loro governi, non erano ghazi, veterani, da rispettare, ma pericolosi rivoluzionari da eliminare; altrove non potevano andare perché nessun altro paese era disposto ad accoglierli (alcuni di loro cercarono di tornare a vivere nel mondo arabo, ma vennero immediatamente imprigionati e nella maggior parte dei casi assassinati). I mujaheddin stranieri non ebbero altra scelta che restare in Afghanistan e mettersi al servizio di Osama bin Laden. La sua nuova jihad contro gli Stati Uniti che «occupano i luoghi sacri dell'Islam, sostengono Israele contro i palestinesi e appoggiano i regimi corrotti del mondo arabo» era convincente per chi, a quel punto, si sentiva doppiamente tradito dagli americani. È così che è nata Al Qaeda, ed è così che l'Afghanistan, «il solo vero Stato islamico del mondo», come veniva definito dai talebani, con tutti questi «ospiti» è diventato il punto di riferimento di tutti i movimenti fondamentalisti islamici. In maniera molto più limitata, e senza i campi di addestramento, qualcosa di simile era già successo negli anni '20, quando re Amanullah, di nuovo per ingraziarsi i mullah, dette ospitalità a tanti militanti islamici provenienti da vari paesi e soprattutto dall'India britannica.

Il panislamismo, non va dimenticato, ha radici afghane e non è un caso che la tomba di Jamaluddin Afghani, considerato il padre di questo movimento inteso a stabilire l'unità del mondo musulmano, sia al centro dell'università, ora semidistrutta, di Kabul. Afghani, nato nel 1838, visse gran parte della sua vita in Persia, in Egitto e in Turchia. La questione di fondo di tutto il suo pensiero fu quella che ancora oggi, irrisolta, arrovella l'Islam: come combinare la religione con la modernità. La soluzione che Afghani propose fu una selettiva acquisizione delle conquiste occidentali, ma soprattutto l'unificazione di tutti i paesi islamici del mondo in un grande califfato.

Osama bin Laden era forse riuscito a convincere il mullah Omar che l'Afghanistan era quel califfato. Si trattava di estenderlo. Quali siano stati i rapporti fra Osama e il capo spirituale dei talebani resta per noi un mistero, ma non è improbabile che Osama, data la sua più sofisticata cultura islamica, la sua età, le sue origini e la sua esperienza del mondo, avesse una grande influenza sul mullah Omar.

E Al Qaeda? Molto probabilmente non era – e non è – una organizzazione omogenea e centralizzata come ora ci vien chiesto di credere. I gruppi che ne fanno parte – forse solo molto informalmente – hanno origini e storie diverse.

A cinque ore di macchina da Kabul, in una prigione dell'Alleanza del Nord ci sono oggi 329 prigionieri talebani. Due di questi sono uighur, vale a dire appartenenti alla minoranza turca, di religione musulmana, che abita da secoli la regione più occidentale della Cina, il Xingjang. La storia di come i due, un ragazzo di 22 anni e uno di 25, son finiti lì è questa.

Siccome in Cina gli uighur sono discriminati, non possono studiare la propria lingua, né tanto meno leggere il Corano in arabo, nel corso degli anni alcune famiglie hanno incominciato a mandare i loro figli nelle madrassa del Pakistan, paese che ha ottimi rapporti con la Cina. Per un po' tutto è andato bene. Poi la Cina, accortasi che quegli studenti si radicalizzavano, ha chiesto al

Pakistan di rimpatriarli. Una volta rientrati, questi sono stati perseguitati: 132 di loro – secondo il racconto dei due prigionieri – sono stati giustiziati; gli altri, fra cui i miei due, son riusciti a scappare e andare nell'unico paese che desse loro asilo: l'Afghanistan. Ma anche qui i cinesi hanno continuato a perseguitarli. Il governo di Pechino stava costruendo una nuova centrale telefonica a Kabul ed ha minacciato di ritirare tecnici ed aiuti se i talebani non consegnavano loro gli uighur. I talebani si sono rifiutati, citando il solito loro dovere di ospitalità con cui poi han rifiutato di consegnare Osama agli americani, ma nel caso dei cinesi han trovato un compromesso: hanno promesso di tenere gli uighur sotto controllo e di impedire loro di usare il territorio afghano per attività anti-cinesi. Così è stato: gli uighur a Kabul sono rimasti praticamente agli arresti domiciliari, e solo quando son cominciati i bombardamenti americani sono stati mandati dai talebani a combattere sul fronte di Kunduz. Lì i due sono stati catturati.

E ora? I due aspettano che qualcuno si occupi di loro. Ma chi? Per andar dove? Nessuno li vuole.

Massacrando oltre 500 prigionieri nella fortezza di Mazar-i-Sharif, le truppe del generale Dostun (ora vice-ministro della Difesa nel nuovo governo di Kabul) e i loro consiglieri americani e inglesi hanno evitato che si ponesse un simile problema.

Gli americani pensano forse che, uccidendo ogni seme del Frankenstein da loro stessi creato, possono risolvere il problema del terrorismo. Ma non sarà così, a meno che non si affrontino i vari problemi che, per vie diverse, hanno portato gente così diversa come i sauditi e gli uighur, i ceceni e gli algerini in un posto come l'Afghanistan.

L'attuale coalizione contro il terrorismo non fa che aggravare quei problemi e minare con crescente intolleranza e odio la via verso una possibile riconciliazione fra i cinesi e le loro minoranze musulmane, fra i russi ed i ceceni, fra il mondo musulmano in genere e l'Occidente. Senza parlare della possibile riconciliazione fra i vari gruppi afghani.

Oggi Kabul è una città sul chi vive; una città in cui, per usata prudenza, la gente dice quel che sa un interlocutore occidentale vuol sentir dire: i talebani erano orribili, l'intervento americano è stato benvenuto. C'è voluto un vecchio poeta di oltre ottanta anni, uno che non ha più niente da temere e che ho trovato, malato a letto, per scrivermi di suo pugno, in pashtun, questi versi nel mio blocchetto di appunti:

Nel giardino
a caso ho raccolto
uva e pezzi di bombe.
Grazie dei regali,
George Bush.
Sulle orme di Attila
il bagno di sangue
in Afghanistan
è ora caldo.

Solo conoscendosi meglio la gente si apre e comincia a dire più sinceramente quel che pensa, a volte persino a manifestare una sorta di ingenua nostalgia per i talebani: duri ma onesti, semplici, spartani, che mangiavano poco e male, che non rubavano e «pensavano solo all'Islam e a morire». La gente si rende benissimo conto che gli attuali governanti sono qui solo grazie agli americani che hanno aperto loro la strada di Kabul a suon di bombe; sa che sono gli stessi soldati che in passato hanno distrutto, stuprato e saccheggiato la città, e non si fida.

Un autista afghano delle Nazione Unite mi raccontava di aver ascoltato una conversazione fra alcuni soldati dell'Alleanza del Nord nei primi giorni dopo la presa di Kabul. Erano arrabbiatissimi perché erano arrivati pensando di saccheggiare la città – loro avevano già un indirizzo dove portar via delle automobili –, ma all'ultimo momento erano stati bloccati dai loro comandanti su ordine degli americani.

La gente poi sa che i talebani non sono affatto finiti, che molti son tornati ai loro villaggi e son pronti a rifarsi vivi e che altri, meno coinvolti con gli aspetti più odiosi del regime, sono liberi a Kabul.

Un giorno sono andato a parlare con alcuni studiosi dell'Accademia delle Scienze. Quando sono uscito dall'ufficio del vicedirettore – una stanza polverosa con una stufa di ghisa senza legna e dei fogli di plastica al posto dei vetri alle finestre –, sei o sette uomini di mezza età e grande presenza, con barbe, turbanti e larghi scialli marroni bordati di verde buttati sulle spalle, aspettavano, seduti, di entrare. «Sono funzionari del vecchio ministero talebano per i Pellegrinaggi alla Mecca», mi ha detto, scendendo le scale, l'uomo che mi accompagnava.

Quegli uomini mi parevano afghani veri, afghani in sintonia con la folla del mercato, in sintonia coi vecchi che, dopo la proibizione dei talebani, si ritrovano di nuovo ogni giorno a scommettere sui galli da combattimento nelle viuzze tortuose attorno alla moschea di Puli-i-Khisti, in sintonia con quelli che vedevo venire a pregare sulla striscia di cemento sotto le mie finestre. Quei «talebani» che non avevano mai lasciato il loro paese, che avevano vissuto e partecipato a tutti i drammi degli ultimi vent'anni, mi parevano molto più afghani degli afghani della diaspora, gli esuli che, dopo anni di esilio, vedevo tornare a Kabul ad offrire la loro esperienza di occidentalizzati per la ricostruzione del paese. Vestiti come stranieri, con pantaloni e giacca, spesso con un impermeabile in una città dove non piove e dove, anche se ci son nati, non trovano più nulla di familiare, sono inconfondibili. A volte quasi patetici.

Debbo ad uno di questi esuli, che grazie al suo perfetto francese ha già un lavoro al rinato ministero della Cultura, uno dei pochi momenti divertenti del mio soggiorno a Kabul.

Mi ero accodato una mattina ad un gruppetto di diplomatici occidentali, invitati appunto dal ministero ad ispezionare le prove di uno dei «crimini» commessi dai talebani. L'appuntamento era davanti alla Galleria d'Arte Moderna, un vecchio edificio ancora in buono stato, poco lontano dal santuario del Re dalle Due Spade. Il giovane neofunzionario francofono che faceva da guida ci ha spiegato che era stato il ministro stesso per la Protezione delle Virtù e la Lotta contro il Vizio del regime talebano a venire lì alcuni mesi prima a fare il lavoro di epurazione. Abbiamo fatto il giro delle quattro stanze, notando ai muri gli spazi vuoti delle opere mancanti, e poi, davanti ad una porta sigillata con una carta che portava la firma del ministro stesso, ci siamo messi ad aspettare che uno dei guardiani riuscisse a trovare la chiave.

Finalmente un uomo sulla cinquantina, con una bella barba rossa di henna, un turbante ed uno scialle marrone – forse lui? il ministro? –, ha rotto i sigilli e aperto la porta. Già coperti di polvere, c'erano per terra una ventina di quadri di scene storiche con soldati e cavalli e tre grandi tele con donne in grandezza naturale, pensose e nude – completamente nude – nell'atto di asciugarsi o guardarsi il monte di Venere allo specchio. I flash delle macchine fotografiche accecavano i poveri guardiani barbuti costretti a tenere alte le tele, il giovane funzionario francofono continuava a parlare di questo «*horrible crime contre la liberté d'expression du peuple afghan*», un diplomatico scopriva che i dipinti erano copie afghane di quadri francesi del primo Novecento; e a me è preso un gran ridere.

Fra questi afghani della diaspora che ora tornano a Kabul – e alcuni sono già membri del nuovo governo –

ci sono anche medici, ingegneri e uomini d'affari con esperienza, ma è ovvio che l'Afghanistan che questi sognano di mettere in piedi sarà una copia dei paesi occidentali da cui questi vengono, come erano copie i palazzi e le fontane costruiti da re Amanullah. Questo sarebbe anche un Afghanistan che farebbe piacere alla comunità internazionale e ai suoi interessi. Ma sarebbe un Afghanistan degli afghani?

Tocca ora a Hamid Karzai, il nuovo primo ministro, trovare un equilibrio fra tutte queste forze. È un uomo coraggioso e per bene; uno che è stato coinvolto in ogni fase della storia recente del suo paese e che non ha mai messo una grande distanza fra sé e la sua terra. Suo padre fu ucciso dai pakistani, e lui, che era stato ministro degli Esteri nel governo mujaheddin, finì per essere arrestato. Prigioniero dell'Alleanza del Nord di cui ora è praticamente l'alleato e la faccia presentabile al mondo, Karzai riuscì a fuggire e a riparare a Quetta, in Pakistan. Quando i talebani presero il potere nel 1996, Karzai mantenne buoni rapporti con loro e ad un certo momento si parlò persino della possibilità che lui diventasse il loro ambasciatore alle Nazioni Unite, se la comunità internazionale avesse deciso, come sarebbe stato normale in base ai criteri di diritto internazionale, di riconoscere il governo dei talebani e non più quello spodestato dell'Alleanza del Nord.

La presa di posizione di Karzai contro i talebani è venuta dopo, quando il regime del mullah Omar, forse sotto la crescente influenza di Osama, si è ulteriormente radicalizzato. Karzai ha un grosso debito con gli americani. Due volte gli hanno salvato la vita quando, entrato in Afghanistan dopo l'inizio dei bombardamenti, stava per essere catturato dai talebani. Gli americani lo appoggiano, ma questo suo essere visto come «l'uomo degli Stati Uniti» non lo aiuta, così come non lo aiuta il non poter chiedere agli americani di cessare i loro bombardamenti sul paese che lui, teoricamente, governa o il suo non poter decidere come e quanto la forza multinazionale può restare a Kabul. Essere troppo amico degli stranieri non è una benedizione in Afghanistan.

Tutti dicono che gli stranieri sono oggi benvenuti in Afghanistan. Non è vero: l'ostilità degli afghani verso tutti quelli che, specie non invitati, passano dal loro paese è vecchia e profonda.

Uno scrittore americano, nel resoconto d'un viaggio fatto in Afghanistan nel 1925, *Beyond Khyber Pass*, scrive di uno storico afghano che gli dice: «Tu sei straniero e tu riempirai il nostro paese di macchine e fumo, farai uguali schiavi e padroni e distruggerai la vera religione... non tu, amico mio, ma il destino che ti porti dietro». Quell'uomo del 1925 non era un talebano e non occorre essere talebano oggi per pensarla come lui. Lo straniero in Afghanistan è sempre stato percepito così, e gli stranieri che gli afghani hanno finora visto arrivare con una scusa o un'altra, con questa o quella uniforme, sono stati tutti, immancabilmente, così: sospetti di voler portare una qualche inaccettabile novità o colpevoli di un qualche atto di sangue che chiede vendetta.

Ne ho vista una, in miniatura, coi miei occhi. Ero andato a dare un'occhiata all'ospedale da campo che i russi stavano montando a Kabul, ovviamente per avere anche loro una buona ragione di essere presenti nella capitale afghana e per tener d'occhio quel che fanno gli americani. I soldati di Mosca di guardia all'ingresso sono ragazzi di leva; non hanno un soldo e non rifiutano l'offerta di una sigaretta. Uno di questi soldati stava per accenderne una, che gli era giusto stata data da un gruppo di ragazzini, quando la guardia afghana che stava lì vicino gli ha urlato: «Fermo. Fermo». Mentre i ragazzi, ridendo, scappavano via, l'afghano ha aperto la sigaretta: in mezzo al tabacco c'era nascosta della polvere da sparo.

Episodi così fanno pensare che, col passare del tempo, se i bombardamenti continuano col loro solito numero di morti «per sbaglio», se gli americani continuano a voler acchiappare tutti i talebani – comandanti, ministri o ambasciatori che siano – e a volerli portare per «interrogarli» su qualche nave al largo o nella base di Guantanamo a Cuba per giudicarli non si sa di che crimini, anche i soldati della forza di pace potranno essere oggetto di vendetta. Per la gente di Kabul, e certo ancor più per quella delle campagne afghane dove i bombardamenti radono al suolo interi villaggi, sconvolgono i campi e mutano il panorama delle montagne, spazzandone via le vette, quei soldati stranieri a pattugliare le strade non sono diversi da quelli che stanno seduti nei B-52. Forse per questo gli inglesi, che son voluti andare in Afghanistan per primi, han già detto di volersene andare entro tre mesi per passare la patata calda ad altri.

Solo se ci sarà una riconciliazione fra afghani, e solo se fra di loro, fra afghani, tutti gli afghani – quelli dell'Alleanza del Nord e quelli che tornano dall'esilio, ma anche i talebani – potranno decidere, senza troppe imposizioni e troppi consigli esterni, in quale tipo di Afghanistan vogliono vivere, il paese potrà lentamente azzerare tutti i conti di vendetta ancora palesemente aperti. È un lavoro durissimo.

L'aveva capito un grande personaggio di questo secolo, Badshah Khan, il «Gandhi della frontiera», «il musulmano soldato di pace», un afghano della regione di Peshawar che si unì giovanissimo al movimento di Gandhi e che dedicò tutta la sua vita a convincere la sua gente, i pashtun, una delle etnie più bellicose della terra, a rinunciare alla violenza e al loro antico codice d'onore che impone ad ognuno il badal, l'obbligo di vendicare col sangue ogni atto di sangue o anche un semplice insulto subìto dall'etnia, dal clan, dalla famiglia: un codice di vendetta, questo, che ha macchiato da secoli la storia afghana.

Badshah Khan arrivò a mettere assieme un esercito di oltre 100.000 uomini, i «Servi di Dio», dediti alla non-violenza. Alla testa di questi soldati disarmati, Badshah Khan partecipò alla lotta anti-inglese per l'indipendenza. Figura inconfondibile, forte, con un grande naso, alto quasi il doppio del Mahatma, Badshah Khan fu al fianco di Gandhi in tutte le sue grandi battaglie, ultima quella contro la spartizione del continente in India e Pakistan. Lui, che pure era un devoto musulmano, non credeva nell'idea di uno Stato fondato sull'esclusività religiosa. Non credeva neppure che i pashtun dovessero accettare la linea Durant, quell'artificiale frontiera stabilita dal colonialismo britannico, che li lasciava, come sono ancora oggi, divisi: una parte in Pakistan e una parte in Afghanistan. Per questo, quando morì nel 1988, all'età di 98 anni, dopo aver passato un terzo della vita nelle galere inglesi prima e in quelle pakistane poi, volle essere sepolto a Jalalabad. L'Afghanistan, occupato allora dai sovietici, era in piena guerra, ma lui ancora sul letto di morte continuò a ripetere che la non-violenza era l'unica forma di difesa possibile e la sola via per salvare il mondo.

Il suo ultimo messaggio fu una semplice domanda. «Perché si producono ancora delle armi di distruzione di massa?»

È una domanda ancora oggi carica di significato. Una domanda a cui dovrebbero rispondere innanzitutto paesi come gli Stati Uniti che, pur producendo in continuazione questo tipo di armi – oltre ad averne già ingenti quantità nei loro arsenali –, minacciano ogni momento di attaccare uno Stato come l'Iraq, sospettato di voler fare la stessa cosa: produrre le sue.

A questo problema delle armi di distruzione di massa non c'è che una soluzione: distruggere tutte quelle che esistono e smettere di produrne di nuove. Solo così nessuno Stato – «canaglia» o no – potrà usarle; solo così nessun terrorista – islamico o no – potrà impossessarsene, come ha fatto un qualche cittadino americano, ancora latitante ed impunito, con le spore di antrace.

Pochissimi si ricordano oggi di Badshah Khan e della sua vita dedicata – senza successo – alla pace. Ma non è sorprendente: quasi nessuno, nell'India stessa, si ricorda davvero del suo maestro spirituale, Gandhi, e di ciò che quella grande anima ha predicato con la sua vita e la sua morte.

L'India, che Gandhi aveva voluto diventasse un esempio di non-violenza per il resto del mondo, l'India di cui pensava che avrebbe potuto difendersi senza un esercito, ma semplicemente con la satyagraha, la forza della verità, quell'India ha oggi centinaia di migliaia di soldati con carri armati, pezzi di artiglieria, jet ed armi atomiche, schierati di nuovo contro quell'altra parte di sé che è il Pakistan.

Il samadhi di Gandhi, il posto inteso ad onorare la sua memoria, è a sei chilometri da casa mia, a Rajgath, in una piana brulla che gli inglesi, costruendo la Nuova Delhi, lasciarono completamente vuota e aperta in caso i loro cannoni avessero dovuto sparare su chiunque dalla vecchia Delhi avesse cercato di marciare verso la nuova capitale. Ci son voluto tornare, stamani.

In un recinto di pietra rosa c'è un grande prato verde al centro del quale, nel posto dove il corpo del Mahatma venne cremato, brucia ora una fiamma costante. Tutto è trascurato e sporco. Non ci sono fiori nelle aiuole, né acqua nelle vasche piastrellate lungo il percorso. Non c'è neppure Gandhi, né il suo spirito. Nonostante ci vadano i turisti e i dignitari stranieri in visita in India, è come se quel posto, con quel che rappresenta, non fosse più di moda.

Sulla semplicissima, disadorna piattaforma di marmo nero sulla quale qualcuno ha gettato una manciata di fiori, spiccano due sillabe in hindi: *Hei Ram*, «Oh, dio», che Gandhi pronunciò quando venne raggiunto dalle pallottole del suo assassino. È come se Bapu, il padre, le ripetesse oggi che l'India, dimenticando il suo esempio, lo ha ucciso una seconda volta. *Hei Ram*.

LETTERA DALL'HIMALAYA

Che fare?

Nell'Himalaya indiana, 17 gennaio 2002

MI PIACE essere in un corpo che ormai invecchia. Posso guardare le montagne senza il desiderio di scalarle. Quand'ero giovane le avrei volute conquistare. Ora posso lasciarmi conquistare da loro. Le montagne, come il mare, ricordano una misura di grandezza dalla quale l'uomo si sente ispirato, sollevato. Quella stessa grandezza è anche in ognuno di noi, ma lì ci è difficile riconoscerla. Per questo siamo attratti dalle montagne. Per questo, attraverso i secoli, tantissimi uomini e donne sono venuti quassù nell'Himalaya, sperando di trovare in queste altezze le risposte che sfuggivano loro restando nelle pianure. Continuano a venire.

L'inverno scorso davanti al mio rifugio passò un vecchio sanyasin vestito d'arancione. Era accompagnato da un discepolo, anche lui un rinunciatario.

«Dove andate, Maharaj?» gli chiesi.

«A cercare dio», rispose, come fosse stata la cosa più ovvia del mondo.

Io ci vengo, come questa volta, a cercare di mettere un po' d'ordine nella mia testa. Le impressioni degli ultimi mesi sono state fortissime e prima di ripartire, di

« scendere in pianura » di nuovo, ho bisogno di silenzio. Solo così può capitare di sentire la voce che sa, la voce che parla dentro di noi. Forse è solo la voce del buon senso, ma è una voce vera.

Le montagne sono sempre generose. Mi regalano albe e tramonti irripetibili; il silenzio è rotto solo dai suoni della natura che lo rendono ancora più vivo.

L'esistenza qui è semplicissima. Scrivo seduto sul pavimento di legno, un pannello solare alimenta il mio piccolo computer; uso l'acqua di una sorgente a cui si abbeverano gli animali del bosco – a volte anche un leopardo –, faccio cuocere riso e verdure su una bombola a gas, attento a non buttar via il fiammifero usato. Qui tutto è all'osso, non ci sono sprechi e presto si impara a ridare valore ad ogni piccola cosa. La semplicità è un enorme aiuto nel fare ordine.

A volte mi chiedo se il senso di frustrazione, d'impotenza che molti, specie fra i giovani, hanno dinanzi al mondo moderno è dovuto al fatto che esso appare loro così complicato, così difficile da capire che la sola reazione possibile è crederlo il mondo di qualcun altro: un mondo in cui non si può mettere le mani, un mondo che non si può cambiare. Ma non è così: il mondo è di tutti.

Eppure, dinanzi alla complessità di meccanismi disumani – gestiti chi sa dove, chi sa da chi – l'individuo è sempre più disorientato, si sente al perso, e finisce così per fare semplicemente il suo piccolo dovere nel lavoro, nel compito che ha dinanzi, disinteressandosi del resto e aumentando così il suo isolamento, il suo senso di inutilità. Per questo è importante, secondo me, riportare ogni problema all'essenziale. Se si pongono le domande di fondo, le risposte saranno più facili.

Vogliamo eliminare le armi? Bene: non perdiamoci a discutere sul fatto che chiudere le fabbriche di fucili, di munizioni, di mine anti-uomo o di bombe atomiche creerà dei disoccupati. Prima risolviamo la questione morale. Quella economica l'affronteremo dopo. O vogliamo, prima ancora di provare, arrenderci al fatto che l'economia determina tutto, che ci interessa solo quel che ci è utile?

«In tutta la storia ci sono sempre state delle guerre. Per cui continueranno ad esserci», si dice. «Ma perché ripetere la vecchia storia? Perché non cercare di cominciarne una nuova?» rispose Gandhi a chi gli faceva questa solita, banale obbiezione.

L'idea che l'uomo possa rompere col proprio passato e fare un salto evolutivo di qualità era ricorrente nel pensiero indiano del secolo scorso. L'argomento è semplice: se l'*homo sapiens*, quello che ora siamo, è il risultato della nostra evoluzione dalla scimmia, perché non immaginarsi che quest'uomo, con una nuova mutazione, diventi un essere più spirituale, meno attaccato alla materia, più impegnato nel suo rapporto col prossimo e meno rapace nei confronti del resto dell'universo?

E poi: siccome questa evoluzione ha a che fare con la coscienza, perché non provare noi, ora, coscientemente, a fare un primo passo in quella direzione? Il momento non potrebbe essere più appropriato visto che questo *homo sapiens* è arrivato ora al massimo del suo potere, compreso quello di distruggere sé stesso con quelle armi che, poco sapientemente, si è creato.

Guardiamoci allo specchio. Non ci sono dubbi che nel corso degli ultimi millenni abbiamo fatto enormi progessi. Siamo riusciti a volare come uccelli, a nuotare sott'acqua come pesci, andiamo sulla luna e mandiamo sonde fin su Marte. Ora siamo persino capaci di clonare la vita. Eppure, con tutto questo progresso non siamo in pace né con noi stessi né col mondo attorno. Abbiamo appestato la terra, dissacrato fiumi e laghi, tagliato intere foreste e reso infernale la vita degli animali, tranne quella di quei pochi che chiamiamo « amici » e che coccoliamo finché soddisfano la nostra necessità di un surrogato di compagnia umana.

Aria, acqua, terra e fuoco, che tutte le antiche civiltà hanno visto come gli elementi base della vita – e per questo sacri – non sono più, com'erano, capaci di autorigenerarsi naturalmente da quando l'uomo è riuscito a dominarli e a manipolarne la forza ai propri fini. La loro sacra purezza è stata inquinata. L'equilibrio è stato rotto.

Il grande progresso materiale non è andato di pari passo col nostro progresso spirituale. Anzi: forse da questo punto di vista l'uomo non è mai stato tanto povero da quando è diventato così ricco. Da qui l'idea che l'uomo, coscientemente, inverta questa tendenza e riprenda il controllo di quello straordinario strumento che è la sua mente. Quella mente, finora impegnata pre-

valentemente a conoscere e ad impossessarsi del mondo
esterno, come se quello fosse la sola fonte della nostra
sfuggente felicità, dovrebbe rivolgersi anche all'esplo-
razione del mondo interno, alla conoscenza di sé.

Idee assurde di qualche fachiro seduto su un letto di
chiodi? Per niente. Queste sono idee che, in una forma o
in un'altra, con linguaggi diversi, circolano da qualche
tempo nel mondo. Circolano nel mondo occidentale,
dove il sistema contro cui queste idee teoricamente si
rivolgono le ha già riassorbite, facendone i «prodotti»
di un già vastissimo mercato «alternativo» che va dai
corsi di yoga a quelli di meditazione, dall'aromaterapia
alle «vacanze spirituali» per tutti i frustrati della corsa
dietro ai conigli di plastica della felicità materiale. Queste idee circolano nel mondo islamico, dilaniato fra tradizione e modernità, dove si riscopre il significato ori-
ginario di jihad, che non è solo la guerra santa contro il
nemico esterno, ma innanzitutto la guerra santa interio-
re contro gli istinti e le passioni più basse dell'uomo.

Per cui non è detto che uno sviluppo umano verso
l'alto sia impossibile. Si tratta di non continuare inco-
scientemente nella direzione in cui siamo al momento.
Questa direzione è folle, come è folle la guerra di Osama bin Laden e quella di George W. Bush. Tutti e due
citano Dio, ma con questo non rendono più divini i loro
massacri.

Allora fermiamoci. Immaginiamoci il nostro momento di ora dalla prospettiva dei nostri pronipoti. Guardia-
mo all'oggi dal punto di vista del domani per non do-

verci rammaricare poi d'aver perso una buona occasione. L'occasione è di capire una volta per tutte che il mondo è uno, che ogni parte ha il suo senso, che è possibile rimpiazzare la logica della competitività con l'etica della coesistenza, che nessuno ha il monopolio di nulla, che l'idea di una civiltà superiore a un'altra è solo frutto di ignoranza, che l'armonia, come la bellezza, sta nell'equilibrio degli opposti e che l'idea di eliminare uno dei due è semplicemente sacrilega. Come sarebbe il giorno senza la notte? La vita senza la morte? O il Bene? Se Bush riuscisse, come ha promesso, a eliminare il Male dal mondo?

Questa mania di voler ridurre tutto ad una uniformità è molto occidentale. Vivekananda, il grande mistico indiano, viaggiava alla fine dell'Ottocento negli Stati Uniti per far conoscere l'induismo. A San Francisco, alla fine di una sua conferenza, una signora americana si alzò e gli chiese: «Non pensa che il mondo sarebbe più bello se ci fosse una sola religione per tutti gli uomini?» «No», rispose Vivekananda. «Forse sarebbe ancora più bello se ci fossero tante religioni quanti sono gli uomini.»

«Gli imperi crescono e gli imperi scompaiono», dice l'inizio di uno dei classici della letteratura cinese, *Il Romanzo dei Tre Regni*. Succederà anche a quello americano, tanto più se cercherà d'imporsi con la forza bruta delle sue armi, ora sofisticatissime, invece che con la forza dei valori spirituali e degli ideali originari dei suoi stessi Padri Fondatori.

I primi ad accorgersi del mio ritorno quassù sono stati due vecchi corvi che ogni mattina, all'ora di colazione, si piazzano sul deodar, l'albero di dio, un maestoso cedro davanti a casa e gracchiano a più non posso finché non hanno avuto i resti del mio yogurt – ho imparato a farmelo – e gli ultimi chicchi di riso nella ciotola. Anche se volessi, non potrei dimenticarmi della loro presenza e di una storia che gli indiani raccontano ai bambini a proposito dei corvi. Un signore che stava, come me, sotto un albero nel suo giardino, un giorno non ne poté più di quel petulante gracchiare dei corvi. Chiamò i suoi servi e quelli con sassi e bastoni li cacciarono via. Ma il Creatore, che in quel momento si svegliava da un pisolino, si accorse subito che dal grande concerto del suo universo mancava una voce e, arrabbiatissimo, mandò di corsa un suo assistente sulla terra a rimettere i corvi sull'albero.

Qui, dove si vive al ritmo della natura, il senso che la vita è una e che dalla sua totalità non si può impunemente aggiungere o togliere niente è grande. Ogni cosa è legata, ogni parte è l'insieme.

Thich Nhat Hanh, il monaco vietnamita, lo dice bene a proposito di un tavolo, un tavolino piccolo e basso come quello su cui scrivo. Il tavolo è qui grazie ad una infinita catena di fatti, cose e persone: la pioggia caduta sul bosco dove è cresciuto l'albero che un boscaiolo ha tagliato per darlo a un falegname che lo ha messo assieme coi chiodi fatti da un fabbro col ferro di una miniera... Se un solo elemento di questa catena, magari il

bisnonno del falegname, non fosse esistito, questo tavolino non sarebbe qui.

I giapponesi, ancora quando io stavo nel loro paese,
pensavano di proteggere il clima delle loro isole non ta-
gliando le foreste giapponesi, ma andando a tagliare
quelle dell'Indonesia e dell'Amazzonia. Presto si son
resi conto che anche questo ricadeva su di loro: il clima
della terra mutava per tutti, giapponesi compresi.

Allo stesso modo, oggi non si può pensare di continuare a tenere povera una grande parte del mondo per
rendere la nostra sempre più ricca. Prima o poi, in
una forma o nell'altra, il conto ci verrà presentato. O
dagli uomini o dalla natura stessa.

Quassù, la sensazione che la natura ha una sua presenza psichica è fortissima. A volte, quando tutto imba-
cuccato contro il freddo mi fermo ad osservare, seduto
su un grotto, il primo raggio di sole che accende le vette
dei ghiacciai e lentamente solleva il velo di oscurità, facendo emergere catene e catene di altre montagne dal
fondo lattiginoso delle valli, un'aria di immensa gioia
pervade il mondo ed io stesso mi ci sento avvolto, assieme agli alberi, gli uccelli, le formiche: sempre la stessa
vita in tante diverse, magnifiche forme.

È il sentirsi separati da questo che ci rende infelici.
Come il sentirci divisi dai nostri simili. «La guerra
non rompe solo le ossa della gente, rompe i rapporti
umani», mi diceva a Kabul quel vulcanico personaggio
che è Gino Strada. Per riparare quei rapporti, nell'ospedale di Emergency, dove ripara ogni altro squarcio del

corpo, Strada ha una corsia in cui dei giovani soldati talebani stanno a due passi dai loro «nemici», soldati dell'Alleanza del Nord. Gli uni sono prigionieri, gli altri no; ma Strada spera che le simili mutilazioni, le simili ferite li riavvicineranno.

Il dialogo aiuta enormemente a risolvere i conflitti. L'odio crea solo altro odio. Un cecchino palestinese uccide una donna israeliana in una macchina, gli israeliani reagiscono ammazzando due palestinesi, un palestinese si imbottisce di tritolo e va a farsi saltare in aria assieme a una decina di giovani israeliani in una pizzeria; gli israeliani mandano un elicottero a bombardare un pulmino carico di palestinesi, i palestinesi... e avanti di questo passo. Fin quando? Finché son finiti tutti i palestinesi? tutti gli israeliani? tutte le bombe?

Certo: ogni conflitto ha le sue cause, e queste vanno affrontate. Ma tutto sarà inutile finché gli uni non accetteranno l'esistenza degli altri ed il loro essere eguali, finché noi non accetteremo che la violenza conduce solo ad altra violenza.

«Bei discorsi. Ma che fare?» mi sento dire, anche qui nel silenzio.

Ognuno di noi può fare qualcosa. Tutti assieme possiamo fare migliaia di cose.

La guerra al terrorismo viene oggi usata per la militarizzazione delle nostre società, per produrre nuove armi, per spendere più soldi per la difesa. Opponiamoci, non votiamo per chi appoggia questa politica, controlliamo dove abbiamo messo i nostri risparmi e togliamoli da qualsiasi società che abbia anche lontanamente a che fare con l'industria bellica. Diciamo quello che pensiamo, quello che sentiamo essere vero: ammazzare è in ogni circostanza un assassinio.

Parliamo di pace, introduciamo una cultura di pace nell'educazione dei giovani. Perché la storia deve essere insegnata soltanto come un'infinita sequenza di guerre e di massacri?

Io, con tutti i miei studi occidentali, son dovuto venire in Asia per scoprire Ashoka, uno dei personaggi più straordinari dell'antichità; uno che tre secoli prima di Cristo, all'apice del suo potere, proprio dopo avere aggiunto un altro regno al suo già grande impero che si estendeva dall'India all'Asia centrale, si rende conto dell'assurdità della violenza, decide che la più grande conquista è quella del cuore dell'uomo, rinuncia alla guerra e, nelle tante lingue allora parlate nei suoi domini, fa scolpire nella pietra gli editti di questa sua etica. Una stele di Ashoka in greco ed aramaico è stata scoperta nel 1958 a Kandahar, la capitale spirituale del mullah Omar in Afghanistan, dove ora sono accampati i marines americani. Un'altra, in cui Ashoka annuncia l'apertura di un ospedale per uomini ed uno per animali, è oggi all'ingresso del Museo Nazionale di Delhi.

Ancor più che fuori, le cause della guerra sono dentro di noi. Sono in passioni come il desiderio, la paura, l'insicurezza, l'ingordigia, l'orgoglio, la vanità. Lentamente bisogna liberarcene. Dobbiamo cambiare atteggiamento. Cominciamo a prendere le decisioni che ci riguardano e che riguardano gli altri sulla base di più moralità e meno interesse. Facciamo più quello che è giusto, invece di quel che ci conviene. Educhiamo i figli ad essere onesti, non furbi.

Riprendiamo certe tradizioni di correttezza, reimpossessiamoci della lingua, in cui la parola « dio » è oggi diventata una sorta di oscenità, e torniamo a dire « fare l'amore » e non « fare sesso ». Alla lunga, anche questo fa una grossa differenza.

È il momento di uscire allo scoperto, è il momento d'impegnarsi per i valori in cui si crede. Una civiltà si rafforza con la sua determinazione morale molto più che con nuove armi.

Soprattutto dobbiamo fermarci, prenderci tempo per riflettere, per stare in silenzio. Spesso ci sentiamo angosciati dalla vita che facciamo, come l'uomo che scappa impaurito dalla sua ombra e dal rimbombare dei suoi passi. Più corre, più vede la sua ombra stargli dietro; più corre, più il rumore dei suoi passi si fa forte e lo turba, finché non si ferma e si siede all'ombra di un albero. Facciamo lo stesso.

Visti dal punto di vista del futuro, questi sono ancora i giorni in cui è possibile fare qualcosa. Facciamolo. A volte ognuno per conto suo, a volte tutti assieme. Questa è una buona occasione.

Il cammino è lungo e spesso ancora tutto da inventare. Ma preferiamo quello dell'abbrutimento che ci sta dinanzi? O quello, più breve, della nostra estinzione?

Allora: Buon Viaggio! Sia fuori che dentro.

INDICE

TIZIANO TERZANI
IN ASIA

UN RACCONTO D'AVVENTURA, UN REPORTAGE, UN'AUTOBIOGRAFIA

Tiziano Terzani e l'Asia, una storia lunga
una vita. Ma è Terzani a raccontarci l'Asia
o è l'Asia che ci racconta Terzani? Difficile
dirlo, tanto forte è il legame che quest'uomo
ha deciso di stringere, fin dal 1965, con il più
contraddittorio dei continenti. Leggendo
In Asia ci si trova a rivivere gli eventi
determinanti della storia asiatica degli ultimi
trent'anni (dalla guerra in Cambogia e nel
Vietnam alla rivolta di piazza Tienanmen,
dalla morte di Mao al «ritorno» di Hong
Kong alla Cina), a ripensare ai grandi ideali
che hanno attraversato questo continente, ai
protagonisti che l'hanno formato. E al tempo
stesso Terzani ci invita a prestare ascolto
all'*altra* voce, quella dell'Oriente *vero*, non
condizionato dagli stereotipi, non osservato
dall'esterno, bensì vissuto nella sua
quotidianità. Terzani, dunque, è sì in Asia,
ma anche l'Asia è «dentro» Terzani...

LONGANESI & C

TIZIANO TERZANI
UN INDOVINO MI DISSE

Nella primavera del 1976, a Hong Kong,
un vecchio indovino cinese avverte Tiziano Terzani:
«Attento! Nel 1993 corri un gran rischio di morire.
In quell'anno non volare. Non volare mai».
Dopo tanti anni, Terzani non dimentica
la profezia, ma la trasforma in un'occasione
per guardare il mondo con occhi nuovi:
decide davvero di non prendere più aerei,
senza per questo rinunciare al suo mestiere
di corrispondente. Spostandosi per l'Asia
in treno, in nave, in macchina, a volte anche
a piedi, il giornalista può osservare paesi
e persone da una prospettiva spesso ignorata
dal grande pubblico. Il documentatissimo
reportage si trasforma così in un'appassionante
avventura e in un racconto ora ironico
ora drammatico, in cui s'intrecciano
vagabondaggi insoliti e incontri fortuiti.

LONGANESI & C

TIZIANO TERZANI
PELLE DI LEOPARDO

Questo volume ripropone, con un titolo che li accomuna e una nuova introduzione dell'autore, i due libri – da tempo introvabili e perciò molto richiesti dai lettori – che hanno segnato l'esordio di Terzani: *Pelle di leopardo* (1973) e *Giai Phong!* (1976). Il primo è il diario dei due anni trascorsi seguendo le varie fasi del lungo conflitto in Vietnam; il secondo ricostruisce i retroscena diplomatici e di guerra che nel 1975 portarono alla liberazione di Saigon. Entrambi sono – oltre che l'omaggio a un Paese – l'appassionante resoconto di un viaggiatore instancabile, sempre in prima linea: una testimonianza preziosa, un documento ormai storico, che va oltre la guerra. Il tempo trascorso ci riconsegna queste pagine nella loro intatta verità e bellezza, come accade soltanto ai veri scrittori.

LONGANESI & C.

TIZIANO TERZANI
LA PORTA PROIBITA

«Non ho scritto quello che ho scritto
perché sono stato cacciato dalla Cina.
Sono stato cacciato dalla Cina
perché ho scritto quello che ho scritto.»

Nel febbraio 1984 (otto mesi prima che
questo libro venisse pubblicato per la prima
volta), Tiziano Terzani venne arrestato
a Pechino, dichiarato «non adatto a vivere
in Cina» e quindi espulso. Vi aveva risieduto
per quattro anni (con la moglie e i figli)
e aveva voluto vivere «da cinese», ma era
arrivato a sentirsi veramente tale soltanto
negli ultimi giorni, quando si era reso conto
di aver ormai oltrepassato la «porta proibita»
che dava accesso alla *vera* realtà cinese.
Palpitante testimonianza di un uomo che ha
voluto vivere «da dentro» una rivoluzione e
ne ha pagato il prezzo, *La porta proibita* è
un reportage e un'avventura di viaggio,
ma soprattutto l'appassionante romanzo
di un'avventura umana.

LONGANESI & C.

Fotocomposizione Editype s.r.l.
Agrate Brianza (Mi)

Finito di stampare
nel mese di febbraio 2002
per conto della Longanesi & C.
dalla Nuovo Istituto d'Arti Grafiche - Bergamo
Printed in Italy